LANCHESTER STRATEGY

成果を確実に出し続ける
科学的な方法

小山昇の“実践”ランチェスター戦略

株式会社武蔵野代表取締役社長
小山昇

あさ出版

【科学的】……論理的・客観的・実証的であるさま。

（『大辞林』第三版、三省堂）

はじめに

会社が赤字に転落するのは、あっという間です。サボればすぐに赤字になるし、真面目にやっていても、やり方を間違えると、やはり転んでしまう。

兵庫県尼崎市を中心に、ビルやマンションの大規模外壁塗装工事などを手掛ける**阪神佐藤興産株式会社**は、私が代表を務める株式会社武蔵野の経営サポート事業の会員企業です。同社の佐藤祐一郎社長は、社員にMG（マネジメントゲーム）を熱心にやらせていました。

MGは経営の数字を勉強するのに最適ですが、はじめから市場がある前提でゲームが設計されています。会社経営は新規開拓による売上増が増収・増益に結びつく早道です。やりすぎは毒になる。

私はそう忠告したが、佐藤社長は聞く耳を持たず全社員に1年間でMGを100期もやらせました。案の定、**年間1000万円の黒字から、2000万円の赤字に転落**です。

佐藤社長に悪気はありません。むしろ本人は良かれと思ってやっていた。しかし、経営に善意は関係ない。方向性を間違えれば、あっという間に転落するのが中小企業経営の怖さです。

赤字という厳しい現実が堪《こた》えて、佐藤社長は禁酒し、私の指示でトップ営業をやり始めました。ゲームはお客様が最初から用意されているが、現実は自分でお客様をつくらないといけない。この基本を体で覚えないと復活はないと考えた。

最初は失敗の連続でした。**初めて自力で契約が取れたのは、営業を始めて12カ月目**です。

翌年は訪問回数を一気に増やしました。さらに現場見学会を開いたり、新卒の女性社員とペアで回るなどの差別化を行ったところ、ようやく契約が順調に取れ始めた。

社長の取り組みを社内にも横展開した結果、2018年に**経常利益4000万円の黒字に**なりました。

佐藤社長は黒字を機に、ずっと我慢していたお酒を解禁しました。かといって気を緩めるわけでもなく営業の強化に努め、2019年は**1億3000万円に黒字が拡大**しました。

ゼネコンが手掛けた建物の大規模改修工事を、社員数20人程度の中小企業が受注するケースは、あまりありません。しかし同社は、中小企業でありながら億単位の案件を受注できる強者になった。地元・尼崎で、他にそのようなことができる会社はない。どん底からの復活劇です。

復活のきっかけは、社長の営業でした。営業と言っても、やみくもに飛び込みをしていたわけでありません。佐藤社長は、**「ランチェスター戦略」の競争戦略に基づき、科学的なアプローチで営業活動を行った**。

訪問回数を増やしたり、さまざまな差別化を行ったのも、ランチェスター戦略の一環です。阪神佐藤興産が具体的にどのようなことに取り組んだのか。詳しくは103・229ページをご覧ください。

ランチェスター戦略が私たちに教えてくれるのは、**「弱者の戦略」**です。

大企業と中小企業が戦えば、大企業が勝つのが世の道理です。だが、**人やお金が足りずに苦労している中小企業も、やり方次第で強者の大企業に勝つことができます。その方法論を教えてくれるのがランチェスター戦略です。**

株式会社武蔵野は、早くからランチェスター戦略を取り入れて、ダスキンのフランチャイズ事業で圧倒的な地域ナンバーワンになりました。

現在は本業で実践したノウハウをもとに中小企業向けにコンサルティングを提供する経営サポート事業が成長していますが、ランチェスター戦略のプログラムは目玉コンテンツの一つになっています。

そのプログラムの内容を、わかりやすくかみ砕いて解説したのが本書です。本来、ランチェスター戦略を理解するには長時間にわたる勉強と実践が必要ですが、本書を読めば理論の基本はつかめます。また、武蔵野や経営サポート会員企業の事例も数多く紹介しています。失敗も含めて赤裸々に公開しているので、自社で実践するときの参考になるはずです。

ランチェスター戦略というと、多くの人は営業のイメージを持ちますが、その本質をつかめば、**経営、サービス、採用、ネット、社員教育など、あらゆることに転用でき、成果をあげられる**。そうした活用例も紹介しました。

もちろん本書を一読しただけで売上が倍になるほど、経営の世界は甘くない。みなさんは初めて会社にやってきたセールスマンの商品を買いますか。どんなに安くて品質のいい商品でも、おそらくいきなりは買わないでしょう。売る側は「買わないなんてもったいない」と思うが、新たに契約をしたり、いま使っている商品を切り替えるのは面倒くさい。顧客の態度としては、買わないのが正しい。

その壁を打ち破るには、泥臭く努力を積み重ねるしかありません。営業とは、そういうものです。

大切なのは、**努力の方向性**です。精神論で強者にぶつかっていくのか、それとも科学的アプローチでしたたかに戦いを挑むのか。中小企業が生き残るために必要なのは、後者の戦い方です。

本書が弱者である中小企業に力を与え、厳しい難局を乗り越える一助になることを願ってやみません。

末筆になりましたが、情報をご提供くださった経営サポート会員企業のみなさん、出版の機会を与えてくださった株式会社あさ出版の田賀井弘毅さん、執筆のお手伝いをしていただいた村上敬さんに、心より御礼申し上げます。

株式会社武蔵野　代表取締役　小山昇

はじめに　3

第1章　弱者には弱者の戦い方がある

弱者が強者に勝つために必要なこと　18
ランチェスター戦略の神髄は「一点集中」　28
勝つための第一歩は「捨てる」こと　33
集中させればお客様の心に残りやすい　37
戦争から生まれたランチェスター理論　42
シェアで判断。あなたの会社は「強者」か「弱者」か　47
狭い範囲に集中させると売上が伸びる　54

インターネット上でも「狭く深く」が効く　59
採用戦略もランチェスター戦略で、内定辞退者ゼロ　65
ランチェスター戦略で仕事をすれば、能力のある人にも勝てる　71
手広く教育しても社員は伸びない　76
ITツールは「スクラップ」を忘れるな　81
労働時間を短縮すれば生産性が上がる　86
弱者がとるべきは「差別化戦略」　91
強者になったらミート戦略に切り替える　98
強者にのみ許される禁断の戦い方　103
シェアナンバーワンになったら他エリアに進出　106

第2章 自社が戦うべき「戦場」を決める

戦力を集中させるのは、成果が出るテリトリー 112
商圏を区切り、見える化せよ 118
「セグメント」も絞り込む 124
「ニーズ」に注目すれば宝の山が見つかる 128
攻めるべき顧客は「ABC分析」で丸わかり 131
Aクラスの優良顧客が最重要ターゲット 139
八方美人の大口顧客より、深くつきあえる中口顧客!? 144
「シンデレラ」以外は時間をかけない 149

新規顧客を紹介してもらえる接待の仕方 153
粗利益を見て顧客を入れ替える 158
お客様とライバルの情報をどう収集するか 163

第3章 その「武器」でライバルに勝てますか？

高いマットが売れるのは、競合にない「武器」があるから 168
社名でも競合に差をつけられる!? 173
差別化のヒントになる「手軽」「商品」「密着」軸 177
自社の強みは、お客様が知っている 183

新規事業こそお客様の声を参考に　188
鉄砲ではなく弾を売れ　194
「お客様の声は営業マンの頭の中」ではダメな理由　199
ヒアリングもランチェスター戦略で攻める　205
社長が営業するからお宝情報を聞き出せる　209
サボる自覚があるなら「見張り」を立てろ　212
客先ではライバルを褒め殺しする　216
強者の差別化戦略をパクッて足下の敵を叩く　221
現場見学会は、最高の差別化ツール　229
値下げは差別化戦略として正しいか？　235

第4章 強い営業組織をつくる

社長頼みの営業では成長が止まる 240
ランチェスター戦略を営業組織の共通言語にする 246
女性営業が活躍する 250
実行計画表で、営業活動を具体化する 258
社員の訪問回数を増やす方法 263
営業力がアップするITツールの使い方 269
営業トークは台本通りに。不自然でも準備したほうが強い 273
計画の実行は「対話」で確認する 279
営業組織は「見つける」「捕まえる」「逃がさない」に分ける 283

最初から完ぺきを目指さなくていい 287

第5章 ランチェスター戦略で「強者」に変身した元「弱者」たち

ケース1 株式会社丸山自動車
ライバルが顧客に！
寄せ集めメンバーが「科学的営業」で大きな成果！ 292

ケース 2
株式会社meteco
究極の穴熊社長が変身！
玉砕続きのスタートにめげず大手から受注するまでに
304

ケース 3
株式会社末吉ネームプレート製作所
しゃべりすぎる営業から、聴く営業に。
売上以上に粗利益が増えた！
316

第1章

弱者には弱者の戦い方がある

弱者が強者に勝つために必要なこと

急行停車駅と各駅停車駅、営業すべきエリアはどっち？

急行が停まり、いくつもの店が軒を連ねるにぎやかな商店街がある駅と、各駅停車が停まり乗降客が少なく、お店もポツンポツンとしかない駅。みなさんが飲食店を相手に営業をかけるとしたら、どちらのエリアを選ぶでしょうか。

市場が大きいのは、無論、店の数が多い急行停車駅です。しかし、**「市場が大きい＝チャンスあり」と考えるのは危ない**。

おそらく本書を手に取ってくださった読者の多くは中小企業の経営者や幹部でしょう。会社の命運を握っている人が、市場が大きいところに商機があるという先入観にとらわれたら会社は傾く。いますぐ思い込みを捨ててください。

なぜ、お客様になりそうな店が多い商店街は避けたほうがいいのか。**そこには「強者」の競合がいて、「弱者」のあなたでは太刀打ちできない**からです。

市場として魅力のあるところは、当然、他の会社も目をつけています。すでに大手が顧客をつかまえていることがほとんどで、そうでなくてもすぐに大手が進出してきます。おいしい市場を放っておくほど、大手は優しくありません。

そこに「弱者」が突っ込んでいくと、**十中八九、殲滅《せんめつ》されます**。

品質が同じ商品を持っていても、大手のブランド力は高い。投入できる営業担当者の数も多いし、価格競争になったとき体力があるから有利です。真正面からぶつかって中小企業が勝てる要素は皆無です。そこが魅力的な市場であるほど大手は本気になってあなたに襲い掛かり、最終的には追い出されます。

弱者の中小企業が最初に攻めるところは、各駅停車しか停まらない駅です。市場は小さいが、だからこそ強者は見向きもしないし、進出しても本気でやってない。弱者がつけ入る隙が十分にあります。

無知だった小山昇の失敗

実際、私の2社目の会社経営は、この戦略でなんとか「殲滅」を免れました。

私は日本サービスマーチャンダイサー（現在の武蔵野）に入社した後、独立して「メイアイ・ヘルプユー」というモーニングコールの会社を設立したものの、数カ月で倒産。その後、株式会社ダスキンの社員になりました。10カ月の在籍でしたが、功績を認められ、80万円の功労金をいただきました。

このお金を元手に「株式会社べリー」というおしぼり屋を始めた。独立資金は、わずか150万円。どこからどう見ても弱者です。

＜中小企業が進出すべきはどっち？＞

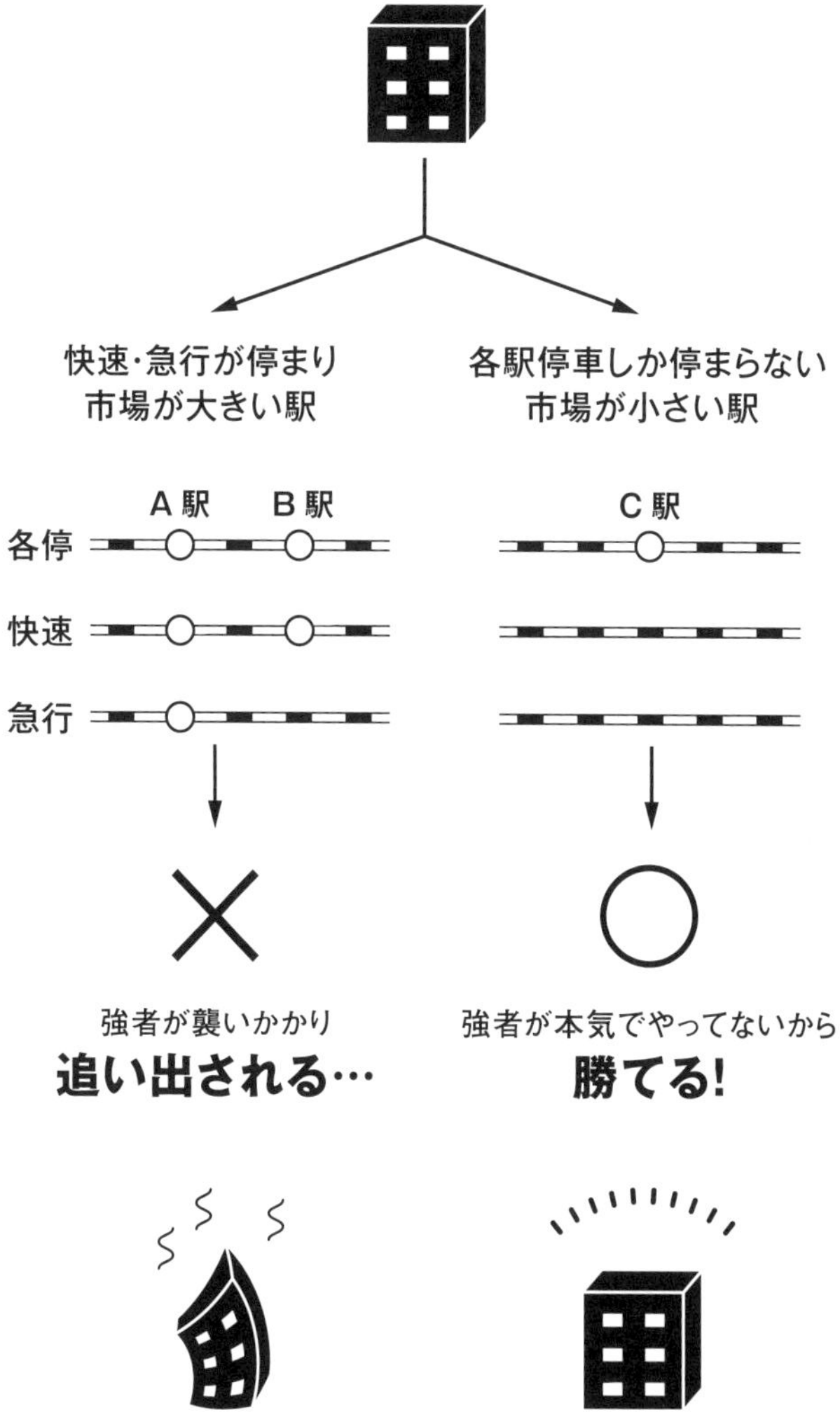

当時、三多摩地区でナンバーワンのおしぼり屋さんは、京王線のつつじヶ丘駅にありました。ナンバーツーの会社は隣駅の仙川駅です。つつじヶ丘は急行が停まる大きな駅で、仙川も快速が停まります。私は儲かっていそうな両社を見て、**「ナンバーワンとツーがやっているエリアなら、お客はたくさんいる」と甘く考え、つつじヶ丘と仙川のど真ん中に営業拠点を構えてしまった**。

社長にとって無知は犯罪ですが、そのころの**私は本当に無知で罪深かった**。当然、最後発のベリーが敵うはずがない。このとき、日本サービスマーチャンダイザー時代にランチェスター戦略を勉強していたことで九死に一生を得ました。

注目したのが、同じ沿線の上北沢駅です。上北沢はつつじヶ丘や仙川より都心寄りですが、各駅停車しか停まりません。住宅街が密接して乗降客は少なく、駅前の道が細いため、商店街は他の駅ほど発展していません。おしぼりを使う飲食店も、当時は10数軒しかありませんでした。

上北沢エリアには数社のおしぼり屋が来ていました。ただ、道幅が狭くて車が停めづらく、どの会社のルート営業担当者も「面倒くさい」と思いながら仕事をしていた。そこに私は目をつけた。10数件、**すべてベリーで受注ができました**。上北沢駅周辺の小さなエリアではあるが、あっという間に地域ナンバーワンです。

もちろん小さなエリアでナンバーワンになっても、お客様が10数軒だけでは食っていけません。売上を伸ばすためには、他のエリアにも進出する必要があります。ただ、地域ナンバーワンになったことで、少なくても他のエリアで仕掛けられる余裕ができた。もし最初に営業したつつじヶ丘―仙川のエリアにこだわっていたら、会社そのものが吹き飛んでいたでしょう。

弱い「弱者」のときは、お客様に「メリーさん」「エリーさん」と呼ばれていました。顧客数増加、シェアアップにより「ベリーさん」と正しく呼ばれるようになった。

ランチェスター戦略で43年連続黒字を実現

ここで**「ランチェスター戦略」**の歴史を簡単に紹介しましょう。

F・W・ランチェスターが第一次世界大戦で発見した戦闘力に関する法則を、アメリカの数学者であるB・O・クープマンがクープマンモデルとして発展。そしてこのランチェスター法則とクープマンのモデルを、戦後、マーケティングコンサルタントの**田岡信夫先生**がビジネスに適用して競争戦略として構築し直した。それが、本書で取り上げるランチェスター戦略です。

無知な私が、ランチェスター戦略を初めて学んだのは、武蔵野の創業者・藤本寅雄から紹介された、当時経営の神様とも言われていた、経営コンサルタント・**一倉定先生**です。

何万人といた一倉門下生の中で、現役社長で一倉先生から直接薫陶を受けていた経営者は、今や皆無とは言わないが、3人といない。

29歳で、一倉先生が主催する経営計画書作成合宿第二回（日光）・第三回（箱根）にも参加しました。さらには第一回経営計画書海外合宿では、当時、長野県池の平ホテル取締役総支配人・矢島茂人（現在、武蔵野専務取締役）との運命的な出会いがありました。

10回近く合宿に参加しましたが、一倉先生はまさに〝鬼倉先生〟とも言われたすごい迫力で厳しい指導をされる先生でした。だからこんな私でも、経営計画書をチェックしてもらうときには、背中に汗をびっしょりかいたことは今でも忘れられません。

一倉先生は、ランチェスター戦略を確立された田岡信夫先生を師事されていました。一倉先生は、営業販売に関することに関して、また、マーケティングに関してすべて、ランチェスター戦略に基づいた発言をされていました。

武蔵野は、管理職に昇格した社員が、田岡先生の理論の普及活動と研修を行っている「ランチェスター協会」主催の専門研究コースで勉強しており、社内に協会公認のインストラクターが複数名います。

一倉先生の弟子である自分も、ランチェスター戦略に基づいて営業販売活動、マーケティング活動を展開しています。それは田岡先生や一倉先生がおっしゃっていたように**「市場は当事者が知っていようがいまいが、ランチェスターの法則で支配されている」**からです。

この法則を無視した思いつき、気まぐれの、経験と勘と度胸だけの営業販売戦略が、現在のような厳しい時代に通じるわけがありません。

戦争の理論を経営に持ち込んだ「ランチェスター戦略」は、一言で言えば、弱者が強者に勝つための戦略だと考えてもらえばいい。独立したばかりで正真正銘の弱者だった私は、ランチェスター戦略に俄然興味が湧いて、勉強を始めました。そして理論を実践するため、営業拠点を変えた。

それ以来、ランチェスター戦略はつねに私の頭の中にあります。私は創業者・藤本寅雄に頼まれて1987年に武蔵野に戻りますが、**150万円で始めたベリーを1億**

円で売却しました。小さな会社を約5年で従業員30人、増収・増益で億の規模まで成長させることができた背景にはランチェスター戦略がありました。

私がベリーで社長を始め、武蔵野の社員、社長となり**43年間、黒字を続けてきたのも、ランチェスター戦略が基本にあったから**です（2020年2月時点で最高売上の更新が見えていたが、新型コロナウイルス襲来でこの記録はストップしました）。

営業戦略だけでなく、社員教育や採用など、あらゆるところに取り入れていて愚直に実践してきたから、中小企業ながら、**強い「弱者」**へと変わることができたのです。

ランチェスター戦略の神髄は「一点集中」

やらないことを決めなさい

おしぼり屋の創業はランチェスター戦略に則って、強者がいないところで戦って勝ちを拾い、事業を続けていくための基盤を築きました。このエピソードだけをお話しすると、ランチェスター戦略は強者を避けて戦うだけの単純な戦略だと思われるかもしれません。だが、強者と真正面から戦うことを避けるやり方は、ランチェスター戦略の一部に過ぎません。

ランチェスター戦略の具体的な内容についてはこれからたっぷりとご紹介します

が、実際に経営で実践してきた立場から自分なりに解釈すると、ランチェスター戦略のエッセンスは二つ。

「やらないことを決めること」、そして**「やめたことによって浮いた戦力を一点に集中して、ライバルを倒すこと」**です。

強者がいる急行停車駅を避けて、店の少ない各駅停車駅で戦うことにしたのも、この基本的な考えをエリアに適用しただけです。

単純な計算をしてみましょう。魅力的な市場Aに大手が7人、小さな市場Bに3人の営業担当者を配置します。それに対して、自社は4人。市場AもBも欲しいので、Aに3人、Bに1人配置したらどうなりますか。AもBも戦力では負けるため、両方が殲滅されます。

全滅を避けるには、どちらかの市場に戦力を集中させたほうがいい。全員Aに配置しても7対4で勝てないから、集中させるのはBです。

大手が3人、自社が4人なら、そのエリアに限っては逆に自社が強者になれる。これがランチェスター戦略の基本的な考え方です。

ここで大切なのは、ライバルに勝つことです。市場Aに戦力を集中させたときに相手を上回るなら、Aで戦ってもいい。必ずしも大きな市場を避けることだけが正解ではない。

一点集中で業界の有名店を攻略

実際、おしぼり屋のベリーは、上北沢で地盤を固めることと並行して、売上・単価で看板になるお客様の獲得に乗り出した。

ターゲットにしたのは新宿の「エトワール」という喫茶店です。この喫茶店は一日2000人のお客様が来るマンモス店で、業界の人はみんな知っている。ここにおしぼりを納品していると言えば、会社の格はグンと上がります。他の店で「料金が高い」と文句を言われても、「エトワールさんでも○○円ですから」と言えば黙ってしまう

＜戦力を一点集中する方法＞

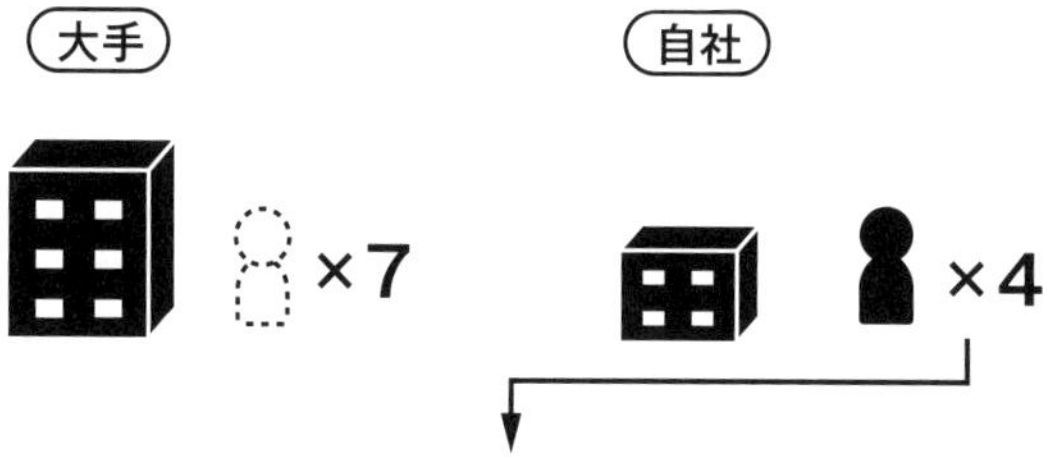

営業マンをどう割り振れば大手に勝てるか

○市場Aに3人、市場Bに1人投入

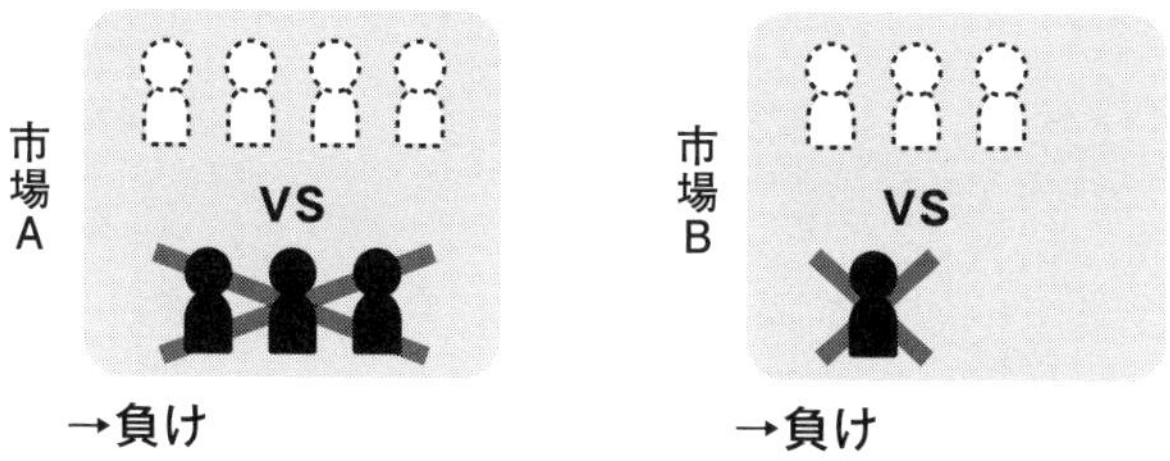

○市場Aを捨て、市場Bに4人投入

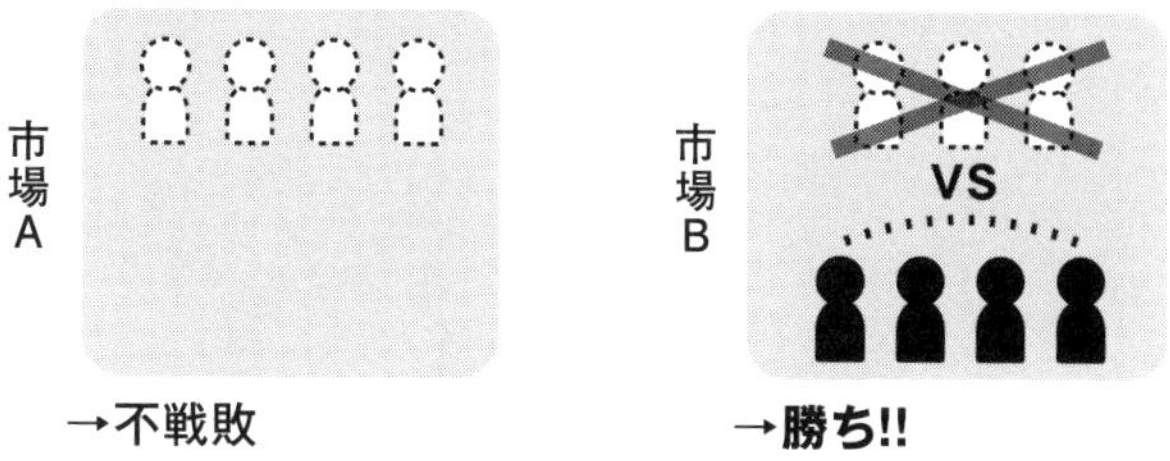

戦力を集中させれば弱者も
その市場では強者になれる！

ほどのステータスがある。

東京には他にも業界標準になる重要店がいくつかあって、当然、他社も狙っていました。普通なら、ベリーのような弱者がそれらに入り込む余地はありません。しかし、私のお世話になった「O」さんのお力をお借りして、とにかく一点集中で攻めて、エトワールの契約を取りました。

同じやり方で、杉並の蕎麦の名店にもおしぼりを入れてもらいました。喫茶店と蕎麦屋の有名店を顧客にできたことで、その後、両業界への営業はとても楽になった。

このように、自社の戦力がライバルを上回るように一点に集中させて、勝てる喧嘩に持ち込むことがランチェスター戦略の要諦です。

勝つための第一歩は「捨てる」こと

全国展開を捨てて地元に人・金を集中。その効果は？

一点に集中させるときに厄介なのが、前のプロセスである「やめることを決める」ことです。中小企業は人やお金に余裕がないから、何かを思い切ってやめないと、狙う市場に投入すべき戦力を確保できません。

ところが、これが心理的に難しい。あるエリアを捨てることは、そのエリアのお客様、そして売上を捨てることで、多くの社長は踏ん切りがなかなかつかない。

だが、**あるエリアを捨てれば、そこから売上と同時に、経費も減ります**。強者がひしめくエリアはどうしても費用対効果が低くなるから、そこを避けて費用対効果の高いところに集中させれば、成果を出すことができる。

タピオカスムージーの **「タピキング」** をチェーン展開している **有限会社プライスレス**（熊本県）は、まさにエリアを捨てて売上を伸ばして、さらには利益も大きく増やしています。

緒方良平社長がタピキングを開業したのは2005年。昨今のタピオカブームが始まるずっと前です。当初は熊本を中心に展開して、九州以外では愛媛や京都、渋谷の109の裏にも出店しました。

経営サポート会員になった緒方社長に対してまず助言したのは、エリアの絞り込みでした。熊本から京都や東京は遠すぎて、うまくコントロールするのは難しい。**「人やお金を九州にまとめたほうが効率よく儲けられる」** とアドバイスしたところ、京都店は現地採用の社員に売却してFC化。渋谷店は店そのものを閉めて撤退しました。

＜九州に一点集中した「タピキング」の戦略＞

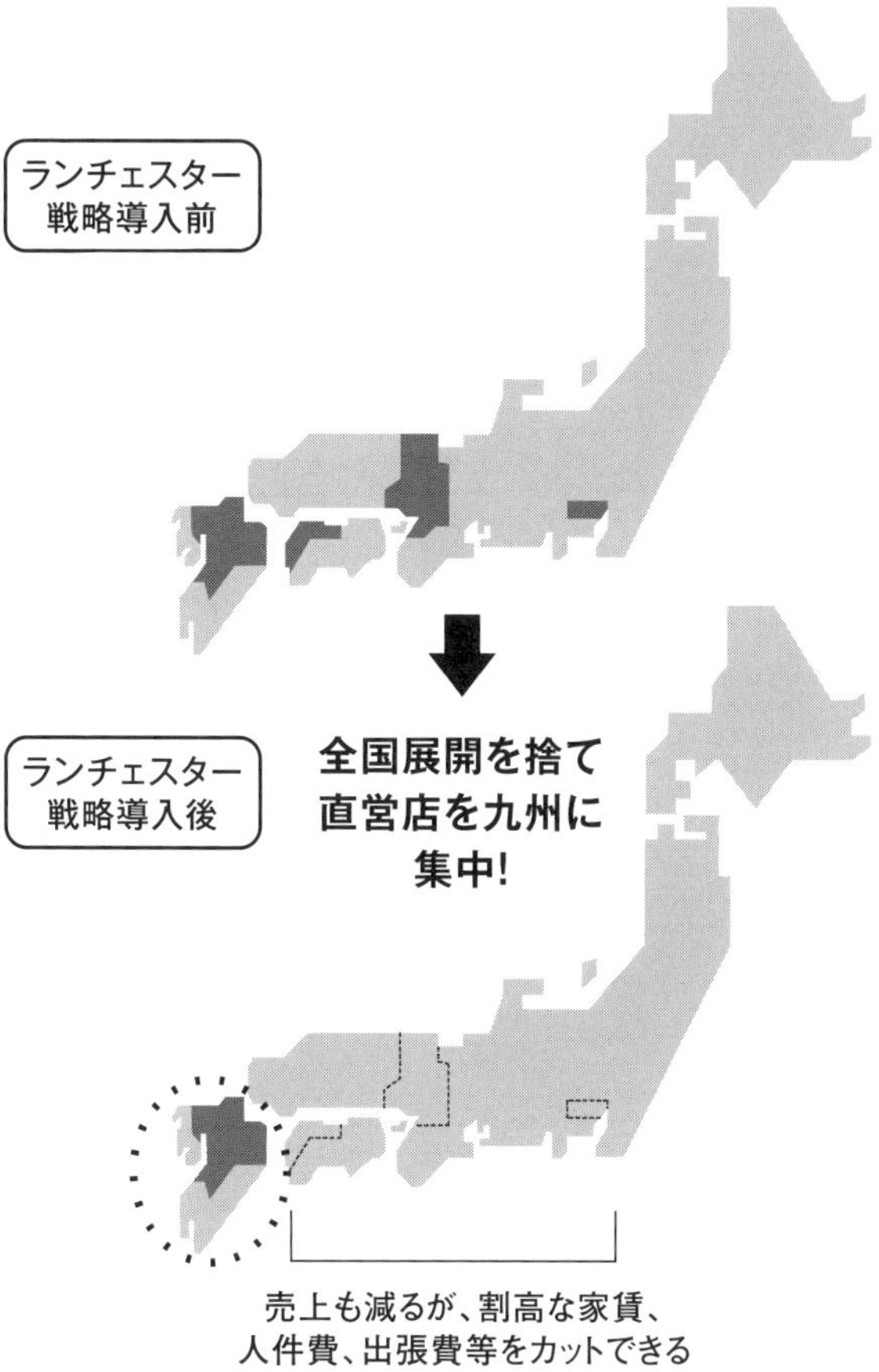
ランチェスター
戦略導入前
ランチェスター
戦略導入後
全国展開を捨て
直営店を九州に
集中!
売上も減るが、割高な家賃、
人件費、出張費等をカットできる

投資効率が大きく改善！

人気エリアを捨てた効果としてもっとも大きかったのは、社員が元気になったことでしょう。以前は京都や渋谷でトラブルが起きたりバイトが足りなくなれば、熊本から社員を派遣していました。

飛行機ですぐだとはいえ、頻繁になれば疲れが溜まります。この出張がなくなったことで社員は働きやすくなり、九州でそれまで以上に力を発揮するようになったといいます。

経費面でも撤退の効果は大きかった。京都や渋谷の家賃は、熊本と比較できないくらい高い。それに現地の人件費や熊本からの出張費も合わせると、たとえ売上が大きくても割に合いません。**コストの大きい激戦区から撤退したことで、投資効率は改善**しています。

集中させればお客様の心に残りやすい

商品・サービスも絞り込んだほうがいい

タピキングは、商品戦略にもランチェスター戦略を取り入れています。もっとも多いときに**26種類あったメニューを、12〜16種類に絞り込んだ**。

緒方社長はアイデアマンで、新メニューの開発に熱心でした。新メニューの投入自体は、お客様を飽きさせないためにやったほうがいい。

しかし、何か新しいメニューを投入するなら、そのぶん外さないと現場のオペレーションが大変になります。

また、**お客様にとって、「なんでもある」は「何もない」と同じ**です。メニューが多いと一つひとつのインパクトが薄れて印象に残らなくなります。

私はベリーを経営していたころ、京王線の千歳烏山に5年住んでいました。地元のスナックはいつも同じ店で、いつも同じ席に座り、いつも同じ歌を歌いました。これもランチェスター戦略で、一点集中したほうが印象に残り、何かと融通が利くようになるからです。歌った曲は『生命のブルース』『時には娼婦のように』『大阪で生まれた女』の3曲。引っ越して足が遠のいてからも、それらの曲が店で流れると、「小山さんは何をしているのかね」と思い出してくれるとか。私はけっして歌がうまいほうではありませんが、ランチェスター戦略を使えば下手でも人の心に印象づけられます。

商品やサービスのプロモーションも同じです。**認知されるためには、たくさんのものを並べるより、絞り込んで繰り返したほうがいい**。緒方社長もメニューを絞り込み、「タピキングといえばこれ」と認知を獲得していきました。

シェア100%を実現したタピオカ屋の集中出店戦略

認知といえば、地元・熊本でのタピキングの認知度は抜群です。渋谷から撤退する前のもっとも多いときで、熊本にはタピオカドリンク店が8社あった。しかし、タピキングは京都や渋谷を捨てたことで浮いた人やお金を使い、熊本での出店を加速しました。

一カ所に集中して出店して認知度を高め、競合を弱らせる戦略を**「ドミナント戦略」**と言います。コンビニチェーンのセブン-イレブンが得意とする戦略ですが、タピキングも熊本でこれをやって他社を駆逐して、一時期はシェア100%を達成した。その後にタピオカブームがやってきて、またライバルが続々と参入するようになりました。この1年で、熊本市内に一気に16店まで増えた。

しかし、緒方社長はまったく動じていません。ランチェスター戦略で熊本に集中したことで、地域ではタピキングが圧倒的な強者になりました。昨年、全国ネットの「秘密のケンミンSHOW」という番組で熊本名物として紹介されましたが、それも地元でのブランド力は揺るぎないものになっていたからです。いまから競合が戦いを挑んでも、タピキングの牙城は崩せないでしょう。

渋谷から撤退する前、有限会社プライスレスの売上は、直営4店（FC2店）で8000万円でした。いまは**計15店舗（FC9店）で、4億2000万円**です。

「店舗が増えたから売上が伸びたのは当然」というのは少し違います。

ランチェスター戦略で一部を捨てたからこそ、必要なところに出店することができたことを忘れてはいけない。そして**集中出店したことでさらに認知度が高まり、売上増へとつながった**。

＜狭いエリアに集中出店した「タピキング」＞

©Google

↓

半径2km以内に3店舗出店!

集中出店すれば
お客様の認知度は一気に高まる！

戦争から生まれたランチェスター理論

戦場によって戦闘力が変わる

ランチェスター戦略は、もともと戦争で相手を打ち負かすために構築された理論をベースにしています。

原点は、先述したようにF・W・ランチェスターです。イギリス航空工学のエンジニアだった彼は第一次世界大戦のときに、**兵力数と武器性能の掛け合わせによって戦闘力が決定づけられる**ことを見つけました。

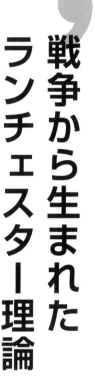

あたりまえのようですが、ランチェスターが鋭かったのは、**「局地戦」**と**「広域戦」**を分けて考えた点です。

戦闘には、狭い範囲で一騎打ちのようにぶつかり合う局地戦と、より広い範囲で戦う広域戦があります。イメージでいうと、前者は刀で切り合う白兵戦、後者は飛び道具を使って遠くから戦う銃撃戦でしょうか。

局地戦の場合、戦闘力は「兵力×武器効率」で決まります。同じ兵力（人数）なら刀より鉄砲を持っているほうが強いし、逆に同じ鉄砲を持っているなら兵隊の数が多いほうが強い。じつに単純ですね。これを**「ランチェスターの第一法則」**といいます。

一方、広域戦は違います。**広域戦の場合、戦闘力は「兵力の2乗×武器効率」で決まります**。つまり広域戦では、兵力が戦闘力に与える影響がより大きくなる。こちらは**「ランチェスターの第二法則」**と呼ばれます。

弱者は局地戦で強者を倒せ

さて、兵力が少ない側は、局地戦と広域戦、どちらで戦うべきか。

答えはもちろん局地戦です。武器性能が同じで兵力差が3だったとき、局地戦では3負けるだけですが、広域戦では3の2乗で9負けてしまう。広域戦は、ほぼノーチャンスです。しかし、**局地戦に持ち込めば兵力のハンデは小さくなり、他の要素によっては勝つチャンスが開けてくる**。

これを実際にやって強者を打倒したのが、ベトナム戦争時のベトナム軍でした。ベトナム軍は兵力でも武器性能でも米軍に劣っていました。しかし、真正面からぶつからず、局地的な状況をつくってゲリラ戦で抵抗した。相手の兵力が手薄なところを狙えば、逆にこちらの兵力が上回った状態で戦うこともできます。それを愚直に繰り返して、当時世界最強と呼ばれた米軍をベトナムから追い出しました。

＜ランチェスター理論とは＞

局地戦	広域戦

狭い範囲で戦う（一騎討ち、接近戦）	広い範囲で戦う（遠隔戦）
↓	↓
戦闘力 ＝ 兵力×武器効率	戦闘力 ＝ 兵力の2乗×武器効率
↓	↓
ランチェスター第一法則	**ランチェスター第二法則**
兵力が多い、武器が強いほうが有利	兵力が戦闘力に与える影響が大きい

弱者は局地戦に持ち込めば勝機あり！

おしぼり屋のベリーが選んだのも局地戦でした。

商店街が大きい急行停車駅ではなく各駅停車駅、つつじヶ丘駅から5キロ圏では有名店2店のブランドを武器に、新規オープン店にターゲットを絞って競合と戦いました。大手だって新規オープン店につける営業担当者は一人ですから、こちらと兵力差はない。訪問回数の差が勝利に大きく影響します。

競合は1週間に1回しか訪問しない。**私は毎日訪問する。オーナーが来る情報を得ると一日に3～5回訪問してとにかくオーナーに会う。**

ライバル会社の社員と、社長でランチェスター理論を知っていて戦っているのとでは、勝負にならない。局地戦でライバルの社員に負けるのは10回に1回でした。

ランチェスターの第一法則が適用される戦場を選べば、弱者でも十分に強者と渡り合えます。

シェアで判断。あなたの会社は「強者」か「弱者」か

「強者」の定義、「弱者」の定義

先ほどから何度も使っている「強者」と「弱者」の言葉。じつはランチェスター戦略においては明確な定義があります。

強者の条件の一つは、シェアナンバーワンであること。2位以下は、どんなに会社が大きくてもすべて弱者と考えます。

もう一つ、シェアの値も重要な条件です。

ランチェスター戦略は、**「占有率（シェア）の科学」**とも呼ばれています。実際の戦争では敵地を占領したほうが勝ちになりますが、ランチェスター戦略も、ビジネスでの**勝ち負けをシェアで判断します**。

ただ、シェアが1位ならそれで安泰なわけではありません。シェアの値によっては、2位以下にひっくり返される可能性があります。つまりシェア1位であると同時に、一定値以上のシェアを握っていることが強者の条件になります。

具体的に数値を紹介しましょう。クープマンモデルによって導かれた「クープマン目標値」によると、**一対一で絶対に安全で覆しようがないシェアは73・9%**とされています。また、**競合が複数いる場合は41・7%が安全圏**。それらの安全圏に届かなくても、**ほぼ安定的に地位を守れるとされているシェアが26・1%**です。

つまり**強者とは、市場シェア1位で、なおかつシェア26・1%以上の会社**です。

みなさんの会社はどうですか。ランチェスター戦略の定義に照らし合わせると、ほ

＜市場シェアの目標値＞

73.9%	上限目標値	独占的となり、その地位は絶対的安全となる。ただし、1社独占は必ずしも安全性・成長性・収益性がよいとはいえない。これ以上取らないほうがよい。
41.7%	安定目標値	3社以上の競争の場合、圧倒的に有利となり、立場が安定する。首位独走の条件。
26.1%	下限目標値	強者（1位）の最低条件。これを下回ると1位であっても、その地位は不安定。激戦状況から一歩抜け出せる。
19.3%	上位目標値	弱者だが上位グループに入り、1位も狙える地位。拮抗している状態。
10.9%	影響目標値	10%足がかりといわれ、市場参入時の目標となる。市場全体に影響を与え、競合とのシェア争いが本格化。上位目標値までがシェアアップまでの難所。
6.8%	存在目標値	競合に存在を認められる程度で、シェア争いが本格化する前の段階。撤退の基準とする場合もある。
2.8%	拠点目標値	市場参入時にまず橋頭堡（きょうとうほ＝攻撃の足場）をつくる段階での目標値。

**まずはシェア1位、26.1%以上の
強者を目指す**

ぼ間違いなく弱者でしょう。強者なら、そもそもこの本を手に取る必要はない。いますぐ本を閉じて、本業に邁進《まいしん》してください。

一方、弱者のみなさんはどうすべきか。もちろん弱者だからといって嘆く必要はありません。弱者でも強者に勝てる方法を教えてくれるのがランチェスター戦略です。弱者なら弱者なりの戦い方をしていけばいい。

実際、弱者が強者を逆転することは可能です。先ほど絶対的に安全なシェアの話をしました。

裏を返すと、相手が安全圏に届いていなければシェアを覆すことができる。ランチェスター理論の一つである「射程距離理論」によると、**局地戦の場合、競合のシェアが自社の3倍以内なら逆転は可能**です。**広域戦の場合は、競合のシェアがルート3倍以内なら強者に勝てる可能性が残されています**。

戦場と兵力を整理してシェアナンバーワンを目指せ

シェアが3倍あるいはルート3倍以内なら、弱者でも強者に勝てる可能性がある——。この理論を聞いて、「競合とは、すでにそれ以上のシェア差がある。勝てっこない」と諦める社長がいるかもしれません。

しかし、そう考えるのはランチェスター戦略を理解していない証拠。**シェアで圧倒的な差をつけられているなら、戦場を変えればいい**。

同じ会社でも、エリアや商品カテゴリーによってシェアは異なります。どこかのエリアで逆転不可能なシェア差をつけられているなら、そこは**思い切って捨てて、逆転可能なエリアに人やお金を集中させます**。

そうやって戦場や兵力の整理を行っていけば、少なくてもその戦場においてはどんな相手でも勝負が可能になる。

武蔵野は、そのようにして戦場を整理してきました。

私が社長になる前、ダスキン事業の営業エリアは広大でした。東は23区の半分まで広がっていたし、西は奥多摩までカバーしていました。東京だけでなく、埼玉や神奈川県の川崎もテリトリーでした。

広くカバーすれば兵力が分散して、どのエリアでも苦戦を強いられます。これではいつまで経ってもナンバーワンになれないから**エリアを4分の1に縮小**する決定をした。エリア外のお客様を他のダスキン加盟店と交換。１００の売上（お客様）を出す代わりに80の売上（お客様）と交換した。

売上はマーケットにおける地位で利益はシェアに正比例します。営業所を中央線沿線に集中させて、営業エリアも営業所から自動車で30分圏内に制限しました。もともとシェアが低かった地域は、他のダスキン加盟店に譲渡です。

その結果、シェアはどうなったと思いますか。


昔の数字がないため、いまの数字で説明しましょう。

現在、ダスキンの全国順位は確実にトップテンに入っている。わが社は日本一小さな地域で、スモールテリトリー・ビッグシェアを獲得しています。
もし武蔵野が東京全域で展開していたら、わが社の全国・東京におけるシェアは間違いなく30番以下だったでしょう（東京には他にも有力なダスキン加盟店があり、ダスキンのシェアをさらに分けることになります）。

しかし、武蔵野エリアに限ると一変します。武蔵野エリアでは、ダスキンのシェアが59％あります。これはほとんどがわが社の売上によるものですから、**59％は実質的に武蔵野のシェア**と見なしていい。

武蔵野は、かつての営業エリアのままでは弱者でした。しかし**エリアを絞り込むことで強者を射程に入れ、弱者の戦略を使って打ち負かして、いまはそのエリアで自社が強者となった**。

小さなテリトリーに絞れば、強者を逆転することが可能になります。

狭い範囲に集中させると売上が伸びる

エリアを絞っても売上、利益は減らない

狭い範囲に集中してシェアを伸ばすのはいいが、他を捨てたならトータルで売上や利益が減るのではないか――。

そんな不安を抱く社長がいるかもしれませんが、**心配は無用**です。

清掃業界の全国の売上は残念ながら下降トレンドです。多くのライバルは、前年割れが続いています。しかし、ランチェスター戦略を実践している**武蔵野のダスキン事業の売上は、２０１８年が前年比で１０４・６％、19年が１０１・５％で逆に伸びてい**

る。微増ではありますが、市場全体が縮小傾向にあることを考えれば健闘しているといっていい。

小さなテリトリーに集中すれば、なぜ売上まで増えるのかわかりますか。**営業の効率が高まるから**です。

中央線沿線の中でも飲食店が多い吉祥寺は、わが社の営業エリアの中でも最重点エリアです。通常、ルート営業は営業車で行いますが、**自転車に切り替えた**。結果、売上がグンと伸びました。自動車の場合、ビルが建つという情報を耳にしたら、少し離れたところでも気軽に偵察に行きます。しかし、自転車で重い荷物を乗せながら遠いところまで行くのは面倒くさい。営業担当者は楽をしたいから、活動範囲は自然に狭くなります。

遠くに行かなくなれば、移動に費やす時間は短くなります。また自転車は自動車のように駐車場を探す手間もかからない。その結果、**営業の訪問件数が増えて売上が伸びました**。

活動エリアを7市から、1駅周辺に絞り込み。その結果は？

直近の例もご紹介しましょう。現在、ダスキン事業には、ビジネスサービスの新規開拓を専門で行う拠点が東西に一つずつあります。そのうちの西側を担う西センターは、小金井市を中心に立川、国分寺、小平など7市にわたる広いエリアを、営業担当者4人でカバーしていました。

新規開拓の目標粗利は、営業担当者一人当たり月3万5000円。しかし、目標達成できない月が多く、2019年8月度に至っては営業担当者4人全員が未達でした。当時、東センターと合わせて9人の営業担当者がいましたが、西センターの4人が6～9位で下位独占です。

青くなった店長の遠田優貴課長は、小平市、日野市、昭島市、武蔵村山市を捨てて、**活動エリアを7市から3市に絞りました**。ただ、それでもすぐには成果が出なかった。普通なら、ここで元に戻したくなるものです。

<活動エリアを7市から1駅に絞り込むと――>

○武蔵野のダスキン事業（新規開拓）

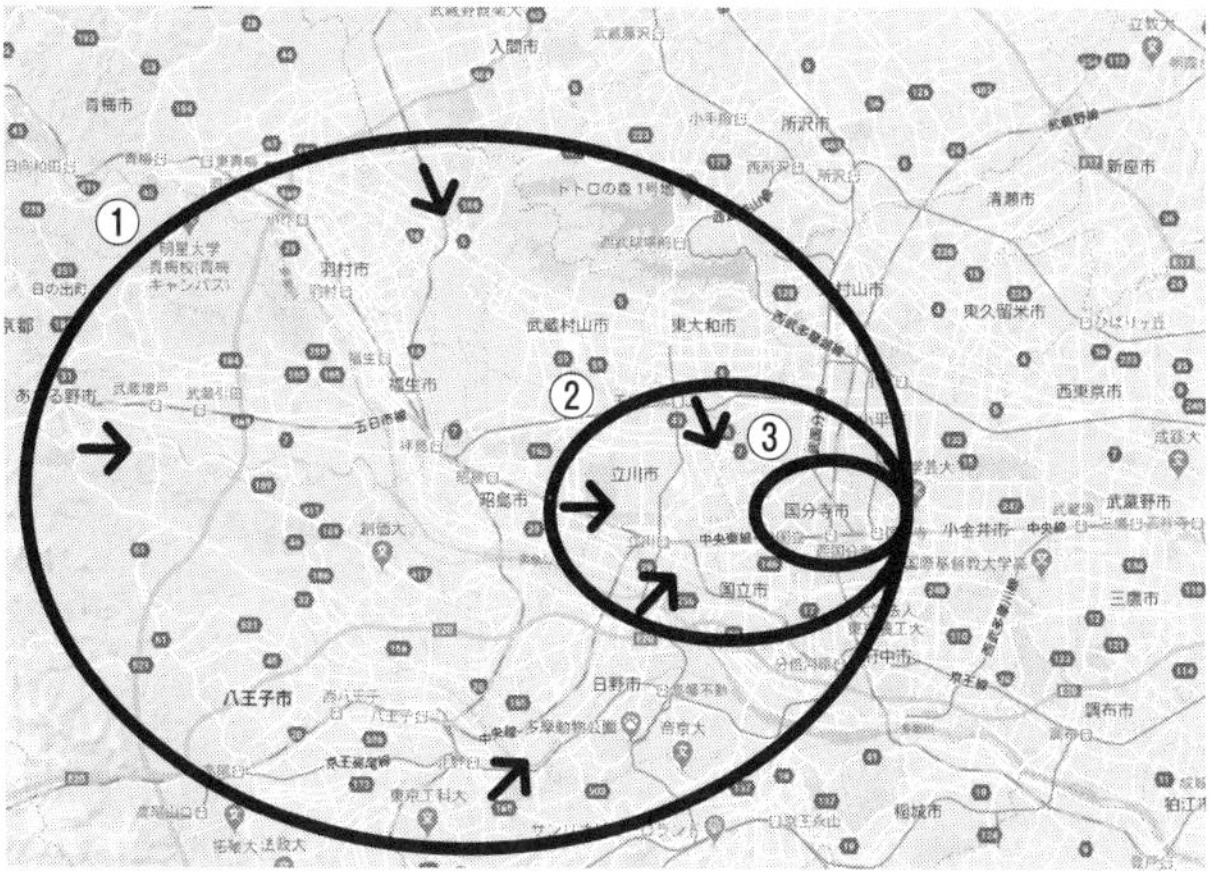

©Google

① 国分寺、立川、昭島など7市で活動

↓

成果が出ない……

② 国分寺、立川など3市で活動

↓

成果が出ない……

③ 国分寺市、しかも駅の北口・南口のみで活動

↓

成果が出た!

エリアを狭くすれば営業効率が高まる

しかし、入社してからずっとランチェスター戦略を叩きこまれている武蔵野の社員は肝が据わっている。遠田は、**活動エリアを3市から国分寺市の1市に絞り、さらに市内でも国分寺駅の北口・南口の2カ所に限定しました**。

結果はどうなったか。異動があって西センターは二人になっていましたが、20年1月は二人とも目標の3万5000円を大きく上回る4万円台を達成して、**全体で2位3位の成績をあげました**。半年前とは別人のような成績です。

エリアを狭くすれば訪問回数が増えて、同じお客様を何度も訪問するからコミュニケーションも深くなる。成績が上がるのは当然です。

ランチェスター戦略は、競争戦略です。エリアを絞り込むのも、競合を打ち負かしてシェアを拡大することが目的です。だが、**範囲を狭くすれば競合に関係なく営業効率が高まって、売上や利益があがりやすくなります**。他のエリアを捨てたら業績が悪化するんじゃないかという心配は無用です。思う存分、攻めるべきエリアに戦力を注ぎ込んでください。

インターネット上でも「狭く深く」が効く

インターネット検索のローカル化を利用する

ランチェスター戦略では、「狭く深く」戦うことが鉄則です。

すると、「インターネットの時代に何を言っているのか」と鼻で笑う人がいるかもしれません。インターネットの特徴は、物理的な制限がなくなる。距離を気にすることなく、日本はおろか世界中とつながれます。そんな時代になったのに、狭いエリアにこだわるのは周回遅れの考え方だ、と。

距離を問わないことは、インターネットの魅力の一つです。私は1993年、慶應義塾大学の村井純教授が日本で初めて開いたインターネットセミナーに参加しました。「いまインターネットでアメリカとつながっている」と言われても正直よくわかりませんでしたが、すごいことが起きたことだけはわかった。それですぐに高島陽先生（故人）の主催する研究会に100万円を支払って参加し、会社のドメインを取得した。距離を超えるインターネットの力は、実体験を通じてよくわかっています。

ただ、時代はさらに先に進んでいます。インターネットは世界とつながる一方で、**いまはローカル化も進んでいます**。

グーグルで「蕎麦屋」と検索してください。表示されるのは、ニューヨークにある洒落たお蕎麦屋さんでも、そばどころである日本各地の名産地でもない。みなさんの近所の蕎麦屋が上位に表示されます。

ローカル化が進んだのは、**グーグルがみなさんの位置情報を取れるようになった**からです。

考えてみてください。蕎麦屋の検索はお蕎麦を食べたいときで、ニューヨークのお店を表示されても困りますよね。知りたいのは、いま営業している近所のお店。グーグルは、位置情報を参考に蕎麦屋を近い順に表示してくれる。本当に便利な世の中になったものです。

じつは便利になったのは利用者側だけではありません。勘のいい社長はもうわかりますね。利用者が自分のいる場所を中心に情報を検索できることは、**広告を出す側も地域を絞って広告を打てることに他ならない**。吉祥寺の蕎麦屋なら、吉祥寺周辺にいる人にだけに広告を表示させることができる。

インターネット広告の予算が100万円としましょう。

全国に表示させると費用がかさむので、100万円はあっという間に消えてなくなります。しかも戦う相手は有名な全国チェーン店。大手は広告費が潤沢ですから、勝ち目はない。やるだけ無駄です。

しかし、地元に限定して100万円の広告費を集中させれば、もっと目立つところに長期間出すことも可能になります。まさに「狭く深く」で、広告効果は絶大です。

会社説明会の広告もネットで「狭く深く」

実際、武蔵野の新卒採用活動の集客は、インターネット上で地域を絞り込んで広告を打っています。

かつては東京全域に会社説明会の広告を出していました。東京23区から三多摩地域まで、広い範囲で大学が点在しているからです。

実際に入社した社員を調べると、いくつかの大学の出身者が多いことが見えてきました。特定の大学から採用したつもりはないが、自然とそうなっていた。ならば、それらの大学に通う学生をターゲットにして集客したほうが効率はいい。

そのことに気づいてからは、**武蔵野に入社した学生の多い大学がある地域を中心に、会社説明会の広告を打っています。**

＜ネット広告も狭く深くが効果的＞

○検索結果は利用者の位置情報に合わせて表示される

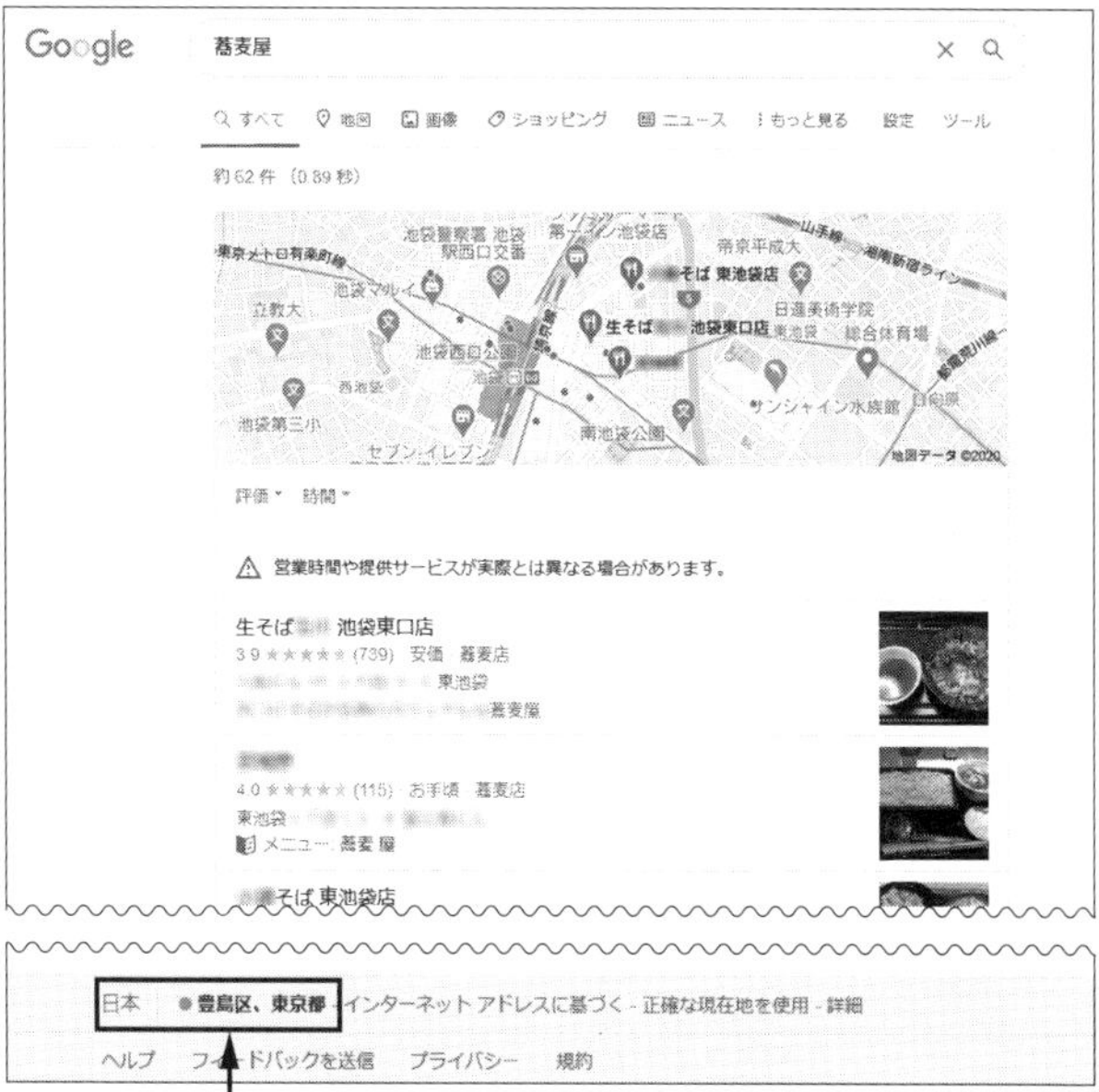

©Google

蕎麦を食べたい人の位置情報

つまり……

蕎麦屋も地域を絞ってネット広告を打てばいい!

一方、神奈川県での広告も増やしています。武蔵野に入社を希望するのは東京の学生が圧倒的に多いと思い込んでいたが、データを調べると、県境を越えて神奈川から受けに来る学生が多かった。他を削って神奈川に広告を出すのもランチェスター戦略の一つです。

インターネット上の求人広告を地域で絞った結果、**会社説明会に来る人数が増えて、キャンセル率も下がりました**。以前は申し込んだ学生のうち3割しか来なかった日もありましたが、去年は5割を切った回は一度もなく、満席も多かった。

じつは採用活動は他にもランチェスター的発想を活かしており、それが出席率を高めることに一役買っています。それについては次項で紹介するので、まずはインターネット上でもエリアを「狭く深く」する戦略が有効であることを覚えていただければいい。

時代はどんどん先に進んでいます。インターネットなのだからエリアは関係ないという考え方のほうが、いまや周回遅れです。

採用戦略もランチェスター戦略で、内定辞退者ゼロ

武蔵野がインターンシップを二次までやる理由

採用活動もランチェスター戦略で行っています。

エリアに関する「狭く深く」は、すでに説明したとおり。他にも、**学生との接点で「狭く深く」を実践しています**。

どういうことか。ランチェスター戦略を活かした営業は、訪問回数を重視します。

一人の営業担当が10人のお客様を1回ずつ訪問するなら、1人のお客様に10回訪問し

たほうが売上や利益につながる。ここはあとでじっくり説明しますが、同じことを採用活動でも行っています。

2020年、インターンシップ制度には約1400人の学生が参加しました。新型コロナウイルスの影響があってのこの数字で、例年通りなら2000人は超えていた。中小企業でこれだけの数を集める会社はそうない。

その気になれば、学生をいま以上に集めることも可能です。

中小企業のインターンシップは、ワンデーのプログラムが中心です。

一方、**武蔵野はワンデーだけでなく、一次、二次と2回にわたって参加するプログラムが充実しています**。

二次はバスをチャーターして、経営サポート会員が経営計画書作成合宿を行っているグランドエクシブ那須白河の会場まで行き、社長が勉強しているところを見学し、わが社の事業の説明と「エマジェネティックス®」（EG。脳科学と統計に基づいた心理測定ツール）の研修を一泊二日でしてもらいます。

会場のホテルまで70～80人の学生を移動させるには、手間もお金もかかります。すでに一次プログラムを体験している学生に手間やお金をかけるなら、ワンデーの回数を増やす選択肢がないわけではない。そちらを選べば、インターンの参加者はさらに増えること間違いなしです。

しかし、インターンの目的は、学生に武蔵野のことをよく知ってもらい、願わくば選考へと進んでもらうことです。そのためには、**参加者を増やして裾野を広げること以上に、一回参加した学生への接触を繰り返すことを優先したほうがいい**。だから手間とお金をかけて学生を連れて行きます。

会社説明会へのエントリー以降も、接触回数は意識的に多くしています。エントリーした学生に手書きのはがきを送ったり、一週間前にはショートメールでリマインドの連絡をします。リマインドの連絡は他の会社もやっていますが、たいていはEメールです。同じようにEメールで送ると埋もれるが、ショートメールなら100%見逃すことはない。

内定後も数多く接触するから辞退がない

内定を出したあとも、ほったらかしは厳禁です。内定を出したら入社直前まで放置する会社が少なくありませんが、顔を合わせてコミュニケーションを取らないと内定者は不安になって内定辞退する。

「他の会社のほうが、待遇がよかった」「うちは中小企業だから仕方がない」は、現実を直視していない間違った分析です。内定者に手間とお金をかけることをサボっていると、内定者はブルーになって辞めていきます。

一昨年、**株式会社アースコム**（埼玉県・丸林信宏社長）は、7人の新卒採用をしたが、フォローの手間を惜しんで5名の学生が内定辞退をした。丸林社長は大反省をして採用のフォローを強化した。今年は5人採用して、内定辞退はゼロです。慌てて追加で採用することになれば、余計に手間とお金がかかって非効率になる。

武蔵野は内定を出したあとも、何かと理由をつけて内定者と接触します。入社前から研修も行うし、研修後には懇親会をやって採用担当が悩みや不安を受け止めます。これを繰り返すうちに、内定者に会社への帰属意識が芽生えてきて、精神的にも安定してくる。

実際、**この3年間の内定者72人のうち、内定辞退者はゼロ**。わが社より大きい会社は他にいくらでもありますが、接触回数が多いから浮気をしない。

接触回数の多さは、入社後の離職率にも影響します。新入社員が離職するのは、自分が思い描いていた会社像と実際の姿にギャップを感じたときです。内定者との接触回数が増えると、会社のありのままの姿は自然に伝わっていく。入社後の「こんなはずではなかった」が減り、離職率も下がるという寸法です。

この3年間の新入社員は内定者と同数の72人ですが、そのうち**退職したのは現時点で3人**です。本当は退職者ゼロが理想ですが、中小企業としてはひとまず満足できる数字ではないでしょうか。

かつて企業の命運を握っていたのは販売戦略でした。もちろんいまも販売戦略は重要であり、だからみなさんにこの本をお届けしようとしています。

ただ、２０１５年に日本の出生数と死亡数が逆転して、人手不足が構造的な問題になってきました。10年前は人が辞めてもかわりがいたが、いまは一人辞めると、同じ採用費では人が採れません。

いま会社の未来を左右するのは人事戦略、採用戦略です。そこにランチェスター戦略を用いるのは当然の流れです。

ランチェスター戦略で仕事をすれば、能力のある人にも勝てる

なぜ能力の低い社長が、能力の高い学生に勝るのか

武蔵野の社内で、もっとも能力が低いのは誰だと思いますか？

勉強が嫌いで大学に行かずにわが社に入社した社員でもないし、出世に興味がなく淡々と仕事をこなすだけの〝いる気〟社員でもありません。お恥ずかしい話ですが、**社内でもっとも能力が低いのは、社長である私です**。

当社では人事の参考に、業務の遂行能力を測る「エナジャイザー」（公益財団法人日本生産性本部）を全従業員に受診させています。

私の複合業務のスコアは104で、社員の中でもっとも低い。もっとも高い社員は227ですから、能力は半分以下。単純に言うと、私の能力では優秀な社員の半分の量しか仕事を処理できません。昔から能力が高いほうではありませんが、近年は加齢（72歳）も手伝って、さらに処理能力が落ちています。

しかし、**いまでも仕事のアウトプットは私が一番**です。なぜ能力が低いのに、若い社員に負けない仕事ができるのか。**やらない仕事を決めて、重要な仕事だけに能力を使っている**からです。

能力200の社員に10個の仕事を与えても一つの仕事に20の能力を割けます。一方、能力が低い私が同じように10個にすると、一つの仕事に10しか割けない。社長がこれでは会社が傾きます。

しかし、やる仕事を3つに絞れば、一つの仕事に30以上の能力を使えます。これはまさしくランチェスター戦略の考え方です。普段の仕事にもランチェスター戦略を適用しているから、いまも私は若い社員が驚くくらいのアウトプットを出せる。

ランチェスター戦略はどんな仕事にも応用できる

ランチェスター戦略は、市場で競合に打ち勝つための競争戦略です。また、採用戦略に活用できることも先ほどお伝えしました。しかし、役に立つのは営業や採用だけではありません。いまお話ししたように、**ランチェスター戦略のエッセンスは普段の仕事や経営のあらゆる場面で応用が可能**です。

社員に指示を出すとき、思いついたことを片っぱしから伝える社長はいないでしょうか。相手のキャパシティを考えずに次々と指示を出しても、おそらく望む成果はあがってきません。数が多くなるほど一つに割ける能力が小さくなり、中途半端なアウトプットしか出せなくなる。

社員に**やってもらいたい仕事が10個あっても、私は3つまでしか指示しません。しかも、易しいことを3つ**です。

簡単な仕事が3つなら、能力が多少足りない社員も100点に近い仕事ができる。指示を出したほうも、「指示したのに、なぜやっていないんだ」「一応やったが、手抜き仕事じゃないか」とストレスを溜めずに済みます。

残った7つの仕事はどうするのか。**捨てればいい**。10の仕事の中には、労力はかかるわりにリターンはわずかしかないものが必ずあります。コスト感覚のない社長は「やらないよりマシ」と考えがちですが、そのような仕事に人をつければ他の大事な仕事がおろそかになるから、やらせないほうがいい。成果が出にくいものは、ばっさりカットです。

ムダな仕事を捨てても、まだいくつかの仕事が残るかもしれません。それらは焦らずに後回しでいい。3つの仕事に集中した社員は、余計なことをしないので効率が高まり、いつもより早く処理が終わります。早く終われば、4つ目5つ目の仕事にも取り掛かれる。ランチェスター戦略で、ある地域でナンバーワンになったら次の地域に移るのと同じ発想です。

＜仕事の進め方もランチェスター戦略で行う＞

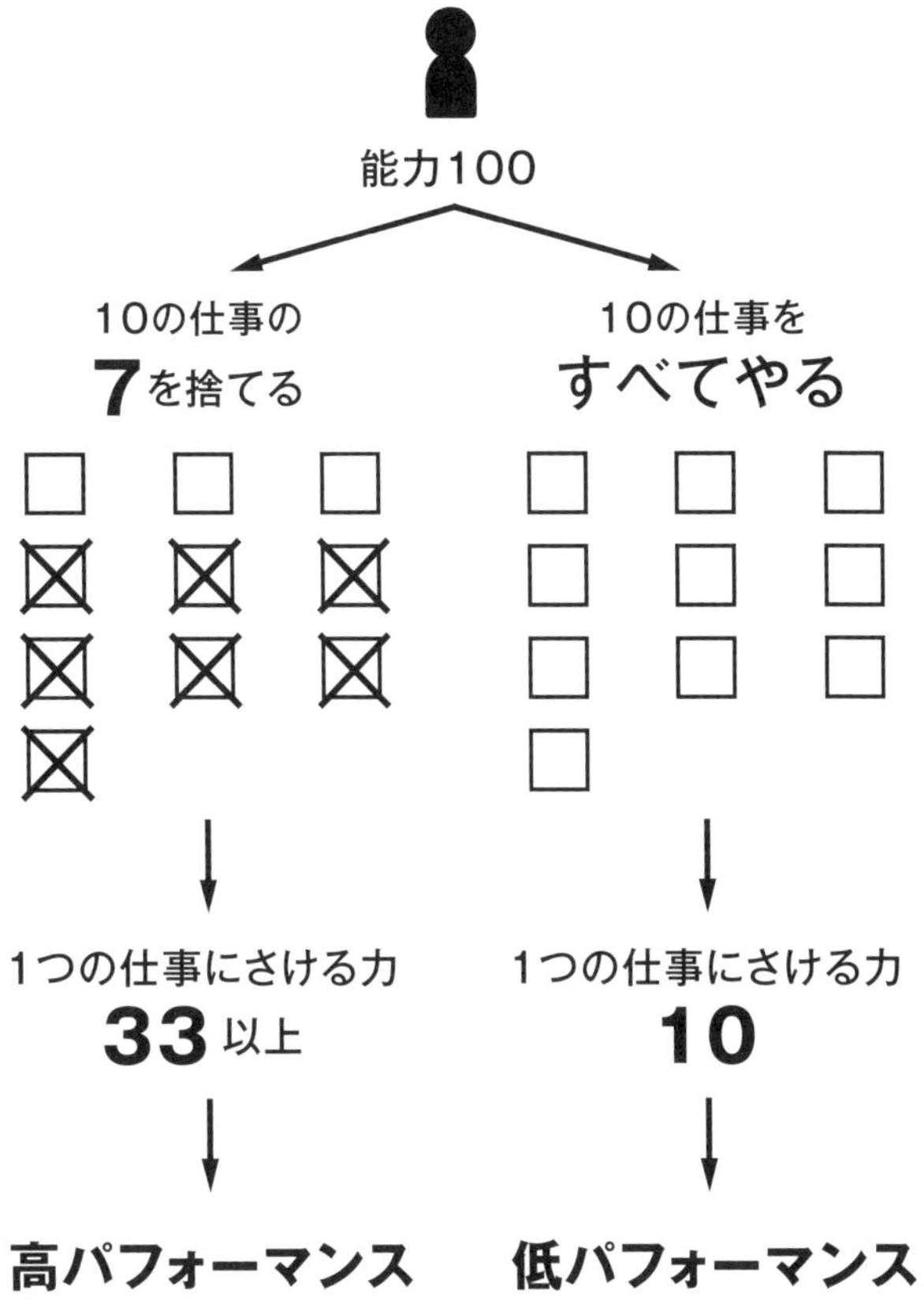

捨てた仕事は終わってから
取り掛かればいい

手広く教育しても社員は伸びない

社員教育のテキストは2冊だけ

社員教育も、社員にたくさんのことをやらせてはダメです。無理に詰め込もうとすれば、キャパシティを超えてかえってモノを覚えられなくなります。

いま現在、わが社はパートやアルバイトを含めて800人で280人の社員がいます。そのうち国立大学出身の男性社員はゼロ。東京六大学の出身者は3人だけで、箱根駅伝に出る大学の出身者が圧倒的多数を占めています。しかも学生時代は落第寸前で、成績は下から数えたほうが早かった社員ばかり。誤解を恐れずに言えば、勉強ができる高学歴な人は武蔵野に来ない。それが現実です。

しかし、ご存じの通り、武蔵野の社員は社員教育を通じて、経営サポート事業で研修講師を務める知識を身につける。おそらく学生のころは授業中に寝てばかりいたことを思えば、たいへんな変わりようです。

どうして下から数えたほうが早かったレベルの社員が成長を遂げたのか。もうおわかりですね。**「狭く深く」で社員教育をしたから**です。

小学生のころ、1年目は野球、2年目はサッカー、3年目は水泳というように、毎年練習する競技を替えたら、どの競技も上達しません。野球のイチロー然り、サッカーのメッシやロナウド然り、一流選手になるのは一つの競技にひたすら打ち込んできた人ばかりです。

社員を育てたければ、スポーツの世界で普通に行われていることを会社でもやればいい。武蔵野が早朝勉強会のテキストとして使っているのは、経営計画書と『[改訂3版]仕事ができる人の心得』(CCCメディアハウス)の2冊だけ。

そこに書かれていることを繰り返し教えるから、勉強嫌いの社員も否応なく覚えていきます。

環境整備はランチェスター戦略そのもの

また、座学に使うテキストは2冊ですが、**実地でやるのは一つだけ**。毎朝30分の**環境整備**です。

環境整備は、価値観や仕事をするうえで大切なこと、さらにランチェスター戦略のエッセンスまで、必要なことがすべて凝縮されています。**一人に割り当てられるのは、新聞紙を広げたくらいの狭いスペースのみ。そこを徹底的に磨くからピカピカになるし、小さな傷にも気づけるようになる**。これはまさしく「狭く深く」で、ランチェスター戦略の考え方そのものです。

このように環境整備は社員に身につけてもらいたい教えが詰まっています。あれこれやらさなくても、環境整備だけやっていてもいいくらいです。

＜社員教育も「狭く深く」を繰り返す＞

○武蔵野はこの3つだけ!

① 経営計画書

②『仕事ができる人の心得』

③ 環境整備

毎朝30分、狭いスペースをひたすらピカピカに

環境整備はランチェスター戦略そのもの！

武蔵野は、社員教育に年間1億円かけている会社です。実際は早朝勉強会や環境整備の他にも、さまざまな学びの機会を社員に提供しています。ただ、さまざまな勉強をさせるのは、基本を「狭く深く」で徹底的に教えて、揺るぎのない土台を築いたあとの話です。

社員にいきなりランチェスター戦略の理論を教えてもポカーンとするだけですが、「環境整備でやっていることだよ」と言えばイメージができる。その土台をつくるには、何でもかんでもではなく、**やることを絞って繰り返し教育する**ことが大切です。

ITツールは「スクラップ」を忘れるな

ツールは捨てていかないとどんどん増えていく

社員を成長させるには、同じことをひたすら繰り返させることが重要だと言いました。同じことを何度も繰り返せば、もともと能力が低い人でも理解が深まったりスキルが上がります。

だが例外もある。ITツールです。

他の道具と同じように、ITも同じツールを繰り返して使えば、スキルが上がって上手に使いこなせるようになります。

ところが、**ITツールは他の道具と違って、ツール自体が短期間でどんどんと進化してしまう**。

あるITツールを何度も触って、数年後に上手に使いこなせるようになった。

しかし1~2年経てば、もっと便利な機能を持つソフトウェアやスペックの高い機器が続々と登場します。

結局、新しいものに切り替えたほうが効率のいいケースがあります。

ビジネスで大切なのは、成果を出すことです。そう考えると、「勉強したことがムダになるのは嫌だ」と言って前のツールに固執するのは的外れ。ツールを切り替えたほうが成果を出しやすいなら、スパッと切り替える。

新しいツールを積極的に導入したほうがいいなら、ランチェスター戦略は関係ない?

そう考えるのは早計です。

新しいツールを導入する企業が陥りがちなのが、「ビルド&ビルド」です。

本来は**「スクラップ&ビルド」**で、不要になったものを捨てながら新しいものを導入するのが望ましいが、既存のツールに手をつけずに新しいものを入れて、ツールやシステムを膨れ上がらせる。

「ビルド&ビルド」は「狭く深く」と正反対の考え方です。

ツールが増えれば情報システム部門の負担が増すし、予算も膨らみます。ユーザーである社員にもメリットはない。同じ作業をするのに、ある社員はAのツールを使い、また別の社員はBのツールを使っていたら、仕事に支障をきたします。全員で同じものを使うからツールは効果を発揮する。

新しいツールを取り入れるなら、一方で不要なものを見直す。油断すると、どんどん「広く」なるから、絶えず「狭く」する意識が必要です。

社員がさまざまな契約を見直して経費削減すると、浮いたお金の10%（上限10万円）

をその社員に支給する仕組みをつくりました。もはや誰も使っていないムダなツールもソフトもアプリも、この制度の対象です。すると、「これは割高だから切り替えた」「一部しか使ってないので解約します」と報告が相次ぎました。

数年前は多くの社員が使っていた「ファイルメーカー」は、経営サポート会員企業の多くに紹介して、各社で大きな成果を出しているが、わが社ではいつのまにか早朝勉強会の名簿にしか使われなくなっていました。

このソフトの使用料はは年間**約160万円**。このことを指摘して解約の手続きをした臼井健太、河野拓哉、名取竜也の3名の課長は、160万円の10％を3分割して、ひとり5万円強のお小遣いを手に入れた。会社としても140万円のムダな経費が浮くから万々歳です。

浮かしたお金は、新しいツールの導入にドンとつぎ込みます。いままでやっていたことを捨てるから、新しいことにチャレンジする戦力（予算）を確保できる。ランチェスター戦略そのものです。

<ＩＴツールを狭く深く使う方法>

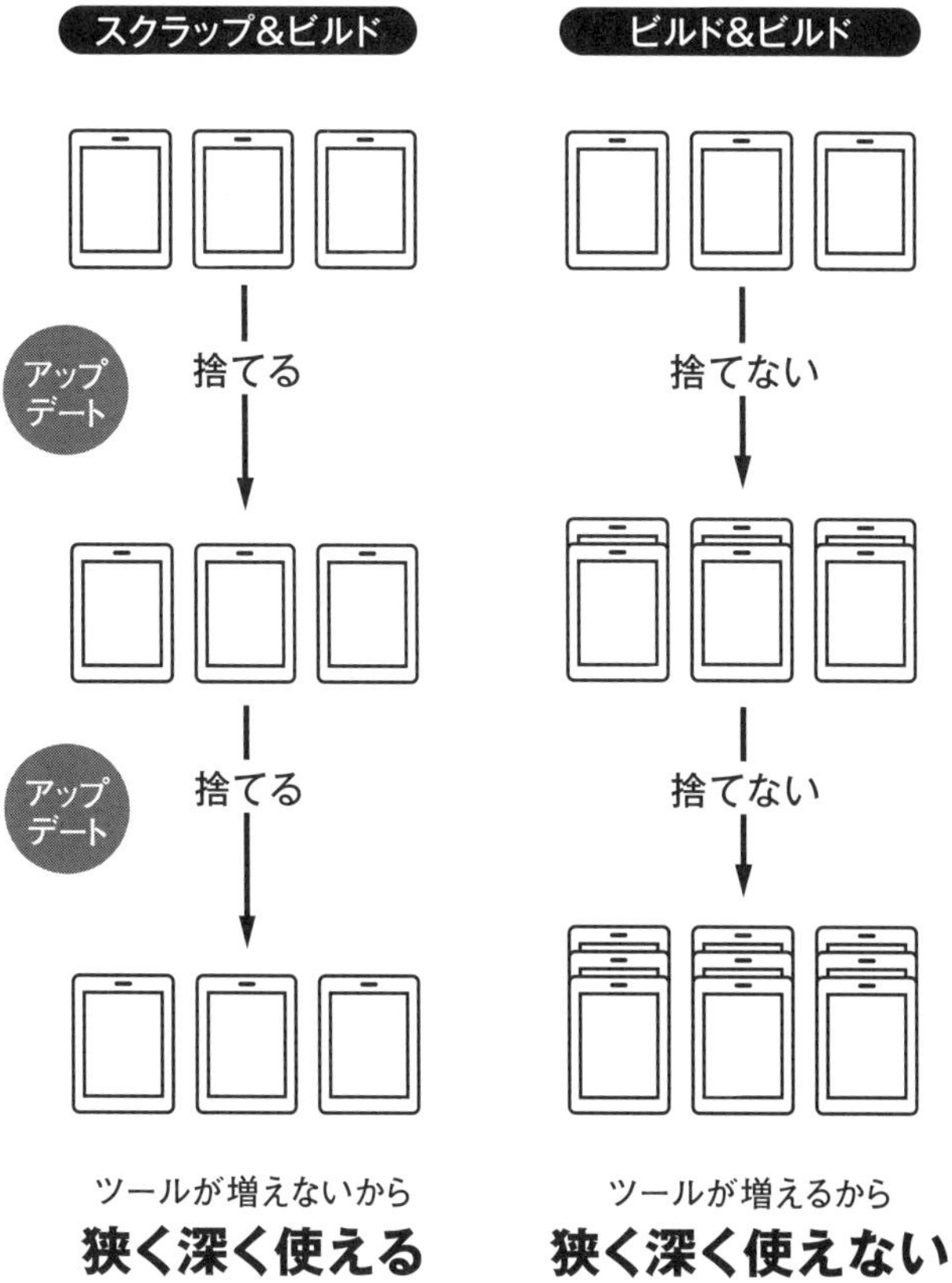

ソフトもアプリも、全員で同じものを使うために
不要なものは捨てる！

労働時間を短縮すれば生産性が上がる

平均残業時間が減ったのに売上・利益が増えた！

近年、働き方改革が日本の会社の大きなテーマになっています。中小企業も他人事ではない。社員に辞められたときのダメージが大きいのは、むしろ大手より中小企業のほうです。人手不足でブラックな環境になりがちであることはわかりますが、いまは社員が生き生きと働ける環境づくりに本気で取り組まなくてはいけません。

以前の武蔵野は、典型的な長時間労働のブラック企業でした。２０１４年当時は、社員の平均残業時間が月76時間。月１００時間近い社員もゴロゴロいた。

それではいけないと改革に取り組んで、いまは残業時間が激減。2020年3月時点での直近1年間は、**平均月11時間**です。

どうやって残業を減らしたのかは詳しく解説しませんが（知りたい方は、『残業ゼロがすべてを解決する』ダイヤモンド社を参考にしてください）、ここで強調したいのは、残業を減らしたほうが業績が上がることです。2014年5月期の単月売上は3・3億円、営業利益は5000万円でした。**当時より労働時間は減っているのに、2020年5月期は売上4・7億円、営業利益7500万円まで増えている。社員数は177名から280名に増加しています。**残業を減らすのは、社員の離職を防ぐだけでなく、業績を引き上げる効果がある。

なぜ労働時間が減るのに利益が増えるのか。

理由は2つあります。

まず一つは、**人件費が減る**ことが大きい。残業が76時間から11時間になれば、一人当たり月65時間の削減です。

そのうち5時間分がｉＰａｄの通信費とすると、残りは60時間。東京都の最低賃金1013円×時間外労働の割増1・25倍×60時間×12カ月で、一人年間91万1700円が浮く（念のためつけくわえると、武蔵野の給料は最低賃金以上です！）。

社員280人で、会社として年間2億5000万円以上の人件費削減です。

それだけでも利益は増えますが、**私は人件費を削減して終わりにしません。浮いたお金の半分を社員の給与や賞与を上げることに使って、残りは新卒採用に充てた**（2019年5月から2020年4月の給料は117・7％（8600万円）アップした。翌年度は基本給106％昇給を内示。実施は新型コロナウイルス騒動が終わったときです）。

再投資すると、その年の利益は増えません。しかし、再投資を続けているから売上が伸び、それがより大きな利益へとつながっていきます。

残業できないと集中して効率よく仕事をする

＜労働時間が短いほうが業績が上がる＞

武蔵野	2014年5月	2020年5月
平均残業時間（月）	76時間	11時間
売　上	3億3000万円	4億7000万円
営業利益	5000万円	7500万円
社員数	177名	280名

生産性が上がった理由

◇ 残業ができないため時間内に目いっぱい働く

◇ iPadでタイムカードを押せるなど終業時間ぎりぎりまで働ける環境がある

◇ 浮いた人件費を給与・賞与を上げることに使うからモチベーションがアップする

もう一つの理由は、社員のパフォーマンスです。

5年前といまの社員の様子を見ていると、じつは残業が少ない現在のほうが終業時にヘトヘトになっています。

私は残業が長いほうが疲れると思っていたが、実際は逆でした。長時間労働があたりまえだったころは、社員は残業を前提に仕事を組み立てて、ところどころでうまく息抜きをしていました。しかし、残業をさせてもらえなくなると、サボる余裕はなくなります。社員は緊張感を持ってびっしり働くから、疲れはするものの、成果は出やすくなる。残業76時間時代は、21時から飲みに行っていたが、今は17時30分。自宅に遅くとも21時に帰る。時代は変わった。

これもランチェスター戦略で説明がつきます。人は長時間働くと、どうしても散漫になって力を発揮しづらくなります。一方、**最初から短時間だとわかっていれば、そこに力を集中させて高いパフォーマンスを発揮できる**。働き方も「狭く深く」が勝ちです。

弱者がとるべきは「差別化戦略」

お客様にヒアリングしてわかった自社の意外な強み

さて、ランチェスター戦略の本筋である競争戦略の話に戻りましょう。

弱者が用いるべき戦略が**「差別化戦略」**です。

強い相手と戦うときは、相手と同じことをしても勝てません。**相手がやらないところ、相手の弱いところで強みを発揮して1位との違いをアピール**してこそ、顧客に振り向いてもらえる。

山口県萩市でプール施設を運営する**株式会社太陽コミュニケーションズ**は、人口減少に長らく悩んできました。

萩市は毎年1000人近いペースで人口が減少しています。特に深刻なのは少子高齢化で、子ども向けの水泳教室は会員数が減るいっぽうでした。

岡生子社長は、指をくわえてその状況を眺めていたわけではありません。小学校の正門前でチラシを撒いたり、街宣車を出して「夏だ！　プールだ！　いまなら海パンを無料でプレゼント！」と宣伝して回るなど、熱心にプロモーション活動をやっていた。それでも会員の減少が止まらない。人口の減少は激しかった。

環境がどうであれ、利益を出して会社を存続させることが社長の責務です。岡社長は意を決して経営サポート会員になり、営業の指導を受けました。

最初に取り掛かったのは、**既存客へのヒアリング**です。岡社長は自分なりに自社の強みをイメージしていたが、お客様が太陽コミュニケーションズの水泳教室を選んだ理由と合致しているかどうかはわかりません。そこにズレがあれば、プロモーション活動をどんなに一生懸命やっても空振りに終わる。的確なプロモーション活動をするために、まず情報収集からやり直した。

同社に営業専任の社員はいません。インストラクターとして水泳を教えている社員やフロントの社員が、レッスンの合間を縫って営業活動をします。情報収集も同じ。子どもたちのレッスン中は、送り迎えに来た保護者がプールとガラスで仕切られた見学コーナーから我が子の泳ぎを見ています。レッスンのない社員がそこにお邪魔して声をかけ、水泳教室に通わせた理由についてヒアリングをしました。

井之上祐一（営業顧問）の指導のもと、ヒアリングは1回10人、年間約100人の保護者に対して行われました。話を聞いて見えてきたのは、意外なニーズです。

それまでは水泳教室は、子どもを水泳選手にするとか、体を鍛えて健康にする、あるいは運動を通じて礼儀を覚えさせるといった理由で通わせるケースがほとんど。目的は多少違っても、水泳を激しいスポーツとしてとらえて通わせていると思っていました。

ところが、**保護者にヒアリングを重ねると、もはや水泳はスポーツとしてとらえられていなかった**。

ある保護者は「子どもがシャンプーを嫌がるから、プールで水に慣れさせたい」、また別の保護者は「上のおにいちゃんがカナヅチで、学校でプールの授業があるたびに悲しい顔で帰ってくる。下の子には同じ思いをさせたくない」。つまり、速く泳いだり体を鍛えたりするより、**幼い子どもが抱きがちな水への恐怖心を取り除いてもらうために通わせていた**。

太陽コミュニケーションズは、そういったニーズを持った子どもたちも通常の幼児コースの中で指導していました。だが既存のお客様にとってはそれが太陽コミュニケーションズを選ぶ理由だった。

強みを商品化し一気に強者へ

自社の真の強みを知った岡社長の対応は素早かった。

水10センチくらいのところにひよこのおもちゃを浮かべて遊ぶ「水ばちゃ」コースを新設。これは一般の水泳教室にはないコース。それを萩市内の保育園や幼稚園に向けて宣伝しました。

差別化戦略を進めただけではありません。当時、萩市内には25の保育園・幼稚園がありました。以前はすべての園にアプローチしていましたが、保護者が気軽に送り迎えできる距離にある**5つの園に絞り込んだ**。「狭く深く」で攻撃量を増やす戦略です。

その結果、何が起きたのか。**5つの園のうち、4つが園として契約**してくれました。園としてもプールと提携して「うちに入園すれば水が苦手ではなくなりますよ」とアピールしたほうが、子どもを集めやすいからです。

園を通した月会費は、通常のおよそ半額です。しかし、4つの園で約1000人いて、半額でも十分に利益が出る。スクールバスでまとめて運べるので経費も削減できて、一石二鳥です。

太陽コミュニケーションズは一時の業績不振から脱却して、いまや**業界紙にも注目のスクールとして取り上げられるほどの強者に**なりました。

強者になれば、他のスポーツクラブのマネをしてぶつける戦略も選べる（次項で説明します）。それで子ども向けにサッカークラブをつくったり、大人向けにヨガスタジオの運営も始めている。コロナの影響は気になるところですが、大局としては成長のサイクルに乗ったと見ていいでしょう。

この流れをつくった最初の仕掛けが、子どもの泳ぎを見学している保護者へのヒアリングでした。ひょっとしたら、こちらから聞かなくてもお客様の声は岡社長の耳に届いたかもしれません。しかし、声が揃うのを待っていたら、「水ばちゃ」コースの開設はずっと遅れていたでしょう。

自社の強みを知るには、受け身の姿勢で待つだけでなく、こちらから積極的にヒアリングする姿勢が大切です。理想は、お客様に時間を取ってもらって、じっくりヒアリングする。現実にはそこまで時間を割いてもらえないかもしれませんが、それなら営業活動をしながら少しずつ聞き出していけばいい。いずれにしても、情報は自分から取りに行く貪欲さが必要です。そこに差別化につながるヒントがある。

中小企業にとって差別化はとても大切な武器です。第3章で詳しく解説します。

〈お客様の声から自社の強みを見つけた 太陽コミュニケーションズ〉

太陽コミュニケーションズ

お客様はわが子にスポーツを習わせたい

ヒアリングをしてみたところ

お客様

子どもを水に慣れさせたい

↓

お客様のニーズに合わせた「水ばちゃ」コースを開講して差別化!

さらに――

市内の25園のうち**5園**に絞ってアプローチ

↓

4つの園と契約。強者に成長!

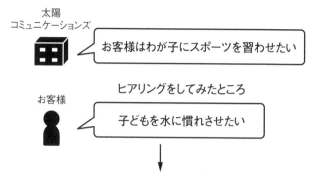

強者になったらミート戦略に切り替える

2位以下の差別化ポイントを打ち消すことをする

ランチェスター戦略に則り、あるエリアに戦力を集中させて、そこでシェアナンバーワンになります。次はいったいどうすればいいでしょうか。

やることは2つあります。**2位以下に圧倒的な差をつけて盤石の体制を築くためにさらにシェアを高める**。そして**余剰戦力を別のエリアに移して、ふたたびそこでシェアナンバーワンを目指す**。これを繰り返せば、シェアナンバーワンのエリアを広範囲に持つ圧倒的な強者になれます。

ここで復習です。ランチェスター戦略では、トップのシェアがどれくらいまでなら逆転が可能だと算出していたでしょうか。

競合が1社ならシェア3倍、競合が複数いるならルート3倍までが射程距離でしたね。シェアナンバーワンになっても、2位に3倍あるいはルート3倍以上の差をつけなければ安全とは言えない。その域に達していないシェアナンバーワンは「強者(仮)」であり、仮免許から卒業できるように圧倒的なシェアを目指さないといけません。

圧倒的ナンバーワンを目指す会社は、このタイミングで戦略を変える必要があります。弱者の戦略から、強者の戦略への転換です。

では、ナンバーワンの強者が2位以下を弱らせるにはどうすればいいのか。それは、**2位以下が打ち出そうとしている差別化を潰す**ことです。

2位以下が「業界最安値」で差別化するなら、同じ価格にする。「アフターサービスが親切」で差別化を狙っているなら、こちらもサービスの人員を増やして2位以下のアピールポイントを目立たなくさせる。

この戦略は相手に合わせる意味で**「ミート戦略」**と呼ばれます。

トヨタがホンダにしかけたミート戦略

みなさんもよくご存じの会社で、トヨタはミート戦略がとてもうまい。トヨタは言わずと知れた自動車のトップメーカーですが、ハイブリッドカーの分野でも「プリウス」で長らく先頭を走っていました。

そこに待ったをかけたのがホンダです。ホンダは2009年2月に2代目「インサイト」を189万円で発売しました。2代目プリウスが233万円でしたから、40万円以上も安くして低価格で差別化を狙った。その甲斐あって4月の販売台数は、インサイトが堂々の1位になりました。

それを見て、トヨタはプリウスの価格を下げました。ちょうどモデルチェンジのタイミングであり、新しく販売する3代目プリウスは205万円、そして**2代目はインサイトとまったく同じ189万円にした。**

〈 弱者のアピールポイントをつぶす 強者のミート戦略 〉

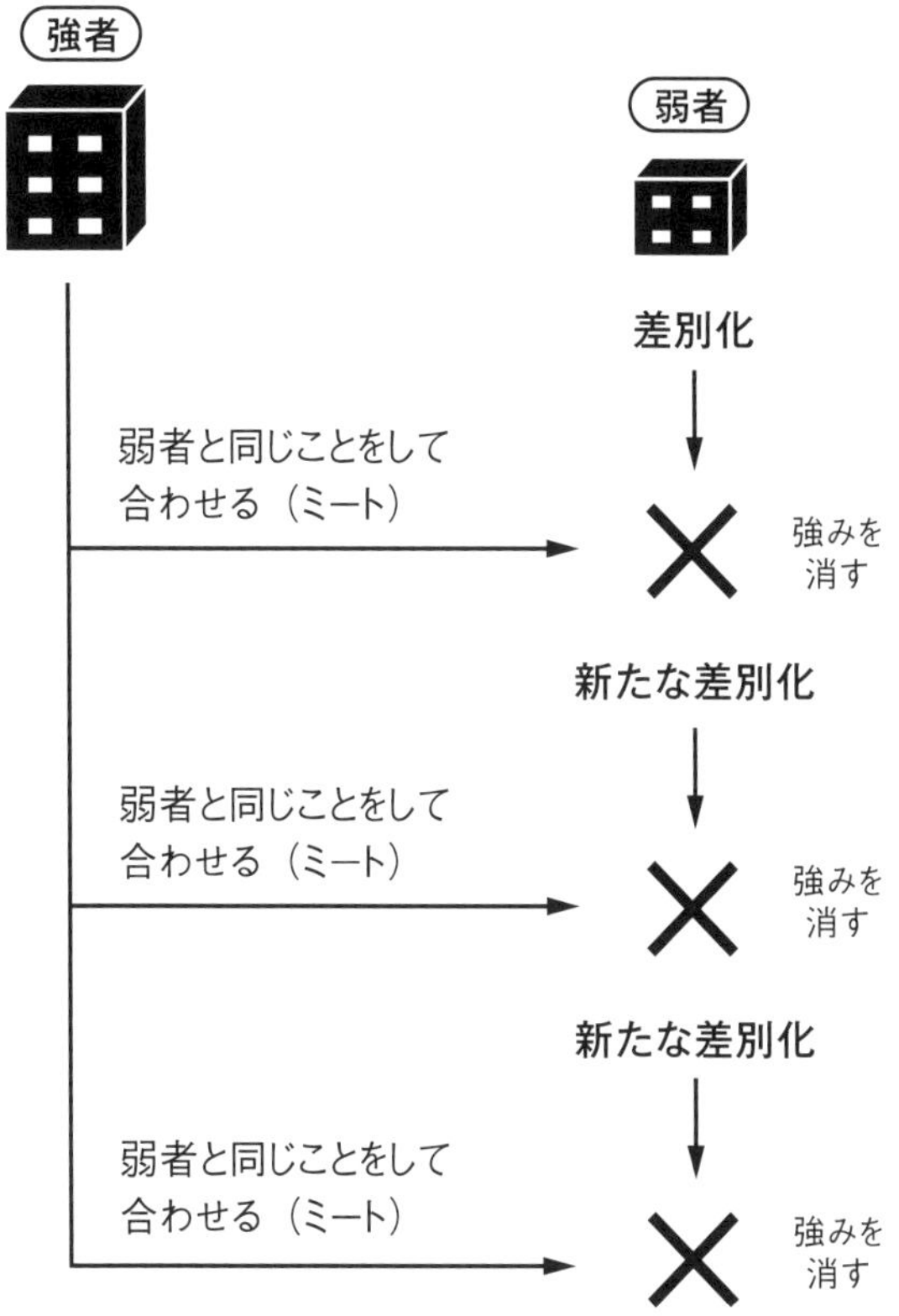

後出しじゃんけんで相手の強みを
徹底的に消していく

もともとブランド力があるだけに、価格重視で選ぶ人も「同じ価格なら、やっぱりプリウス」になる。結局、その年の販売実績はプリウスが21万台弱、インサイトが9万台強で、**プリウスの圧勝**でした。

後出しじゃんけんでズルいと憤る人がいるかもしれません。しかし、トヨタは不正をしたわけではなく、自社の強みをストレートに発揮しただけ。まさに王者らしい戦い方で牙城を守った。

あるエリアでナンバーワンになったら、トヨタと同じ戦い方ができます。**それまで取り組んできた差別化ポイントを残しつつ、2位以下がしかけてきたらミート戦略で対抗していく**。これをやると2位以下は手も足も出せずに弱っていきます。いずれはシェアも逆転不可能なほど開くでしょう。

強者にのみ許される禁断の戦い方

リスクが大きい手形取引にゴーサインを出した理由

ある程度の強者になればミート戦略だけでなく他の戦い方も選べるようになります。

私は武蔵野の経営サポート会員に手形取引を禁じています。会社経営にとって、手形取引ほどおそろしいものはない。黒字でも、手違いで不渡りを出したら一巻の終わり。とくに体力のない中小企業は、可能なかぎり手形をなくすよう指導しています。

しかし、あるとき阪神佐藤興産株式会社の佐藤祐一郎社長から相談を受けました。

阪神佐藤興産は「はじめに」で紹介したように、ビルやマンションの大規模改修を中心に事業を行っている会社です。経営サポート会員歴は長く、手形の振り出しもずいぶん前からやめていたが、「手形での支払いを条件に3億円の案件が来ました。済渡は4カ月で着工から決済まではおよそ11カ月になります。受けてもいいですか」と相談された。

同社の売上は10億円（2018年度）です。売上の約3割に当たる3億円の案件は、じつに魅力です。しかし、大きな案件だから手形のリスクも大きい。普通なら、問答無用で却下です。

ただ、阪神佐藤興産は徐々に強者に近づいていて、財務状況が劇的に良くなっていました。相談を受けたとき、**手持ちのキャッシュはなんと月売上の10カ月分あった**（私の指導は月商の3カ月です）。これだけ潤沢なキャッシュがあれば、万が一のことがあっても倒産を避けられます。私は**例外的にオーケーを出しました**。佐藤社長は、こう言っています。

「わが社と同じレベルの会社は、手形が怖くてついてこられませんでした。競合は、スーパーゼネコンだけ。いままでスーパーゼネコンと戦うなんて考えもしませんでしたが、キャッシュという武器があるから今回は対等に競い合えた。最終的に受注もできて、売上は大きく伸びました」

強者になれば、阪神佐藤興産のようにスケール（今回はキャッシュ）を活かした戦いを選べるようになります。

戦い方に、「絶対に正しい」はない。自社が強者になったら、これまでの戦い方を見直して臨機応変に戦うことが求められます。

シェアナンバーワンになったら他エリアに進出

看板も次のエリアへ移動させる

自社エリアで盤石の体制を築くことができたら、**次は他のエリアでも同じことをやり、シェアナンバーワンのエリアを一つずつ増やします**。

中古不動産の売買仲介を手がける**アドレス株式会社**（福島県）は、人口35万人のいわき市に本社を置いています。地方では比較的大きな市場ですが、高尾昇社長はランチェスター戦略を忠実に実践して、**営業エリアを半分捨てた**。

競合となる大手不動産会社はいわき市のみならず近隣までカバーしていたが、当時営業担当者が10人だったアドレスではとても太刀打ちできない。そこでエリアをギュッと絞って局地戦を選んだ。

とはいえ、営業担当者10人ではいわき市を半分捨ててもまだ足りません。不動産業で足りない戦力を補うのが、チラシと立て看板です。アドレスもチラシと立て看板に予算をつけて、地域での認知度を高めていきました。

高尾社長が冴えていたのは、**狭くなった営業エリアをさらに細かく区切り、重点エリアごとにチラシや看板広告を駆使した**ことです。

とくに感心したのは看板です。都会の一等地でもないかぎり、看板は契約の更新時期が来るまでノータッチで、更新時期が来ても面倒なのでそのまま放置するパターンが一般的です。おそらくみなさんがお住いのところにも「いったいいつからあるんだ」と風景になった年季の入った看板が数多くある。

しかし高尾社長はあるエリアでシェアナンバーワンになったら、**看板を放置せずに次の重点エリアに動かした**。これで次のエリアでも数的優位の状況をつくっていった。シェアナンバーワンになったエリアの看板をすべて撤去したわけではありません。**幹線道路の交差点など、効果が大きいいくつかの場所の看板はそのままに**してあります。シェアナンバーワンのエリアではすでに競合が弱っているから、最低限の戦力で十分に1位の座をキープできます。アドレスはこのやり方で、1位のエリアを次々に増やして、**売上18億8760万円、粗利益8億5000万円**に成長している。

以上がランチェスター戦略の概要です。とても長くなったので、この章を簡単にまとめておきましょう。

シェアが小さい弱者は、強者に真正面から戦いを挑んでも勝てません。勝つためには「狭く深く」で戦力を集中させて数的優位をつくり、さらに差別化戦略で相手のシェアを奪っていく必要があります。

＜アドレスの巧みな看板戦略＞

① 営業エリアを半分捨てる

② 重点エリアで1位をとったら戦力を他エリアへ

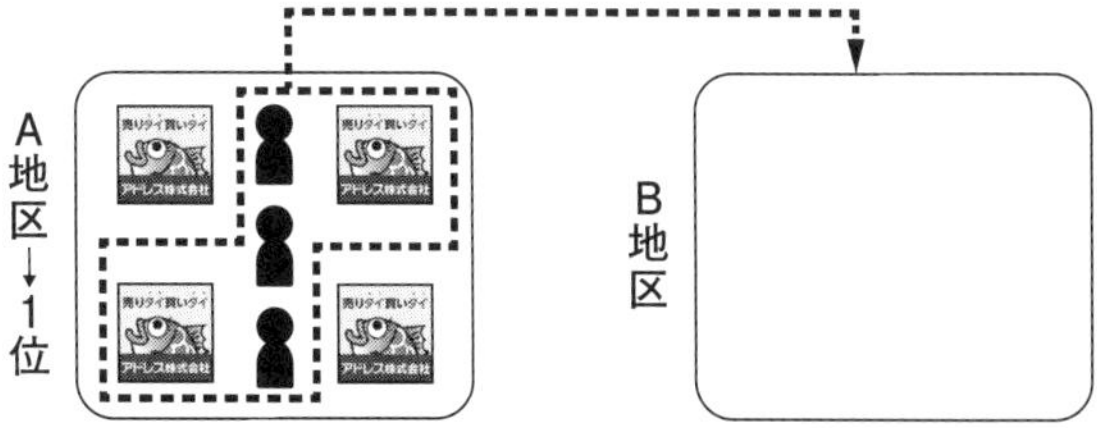

③ 最低限の戦力で1位をキープし、次のエリアでナンバーワンを狙う

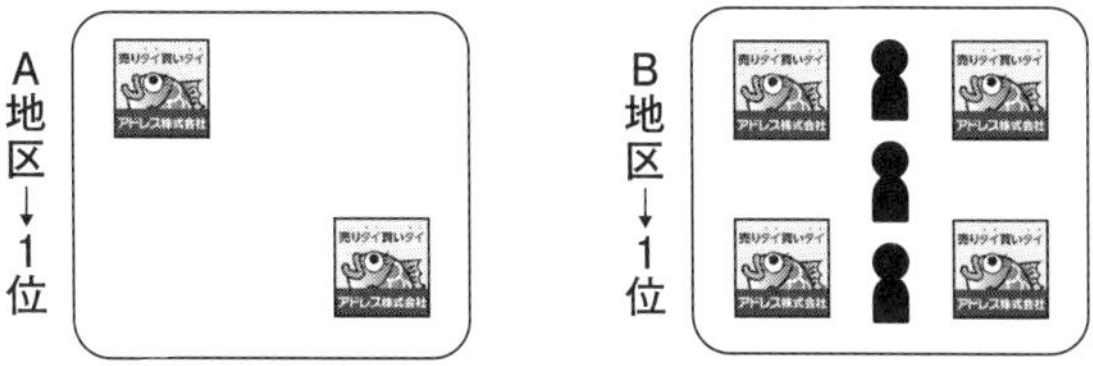

②③の戦い方を繰り返して
ナンバーワンのエリアを徐々に拡大！

狭いエリアでナンバーワンになれば、強者の戦略も取り入れつつ圧倒的なシェア獲得を目指して、さらに次のエリアでも弱者の戦略を駆使してシェアを伸ばしていく。これを続けることで、中小企業も大手に負けない強者になれます。

おおまかな流れは理解いただいたでしょうか。

もちろん、戦略を頭で理解することと、実際に営業戦略に落とし込むこと、さらに日々の営業活動で実践することの間には大きな開きがあります。

中小企業が強者に勝つために、具体的に何をすればいいのか。次章から深く掘り下げていきましょう。

第2章

自社が戦うべき「戦場」を決める

戦力を集中させるのは、成果が出るテリトリー

いま成果が出ているところはどこか

いよいよ実践編に入ります。

ランチェスター戦略は、やらないことを決めて、そこで浮いた戦力を勝負すべきテリトリーに集中させて戦うことが基本でした。

では、いったいどこを捨て、どこに戦力を注ぎ込めばいいのか。

一言で言えば、**「成果が出るところ」**です。

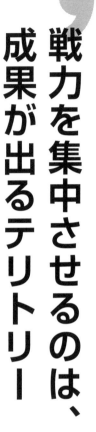

競合が圧倒的に強くて物量で到底かなわないところは、多少戦力を集めたところで成果は出ないから、バッサリ捨てる。

逆にいっけん不毛の地に見えても、競合がいなかったり弱かったりして簡単に成果が出るなら、そこでシェアを高めてナンバーワンになる。これが鉄則です。

そう言われても、**どこを攻めれば成果が出るのかわからないという社長は、シンプルにいま成果が出ているテリトリーを攻めればいい**。もちろん感覚レベルの「成果が出ている」ではダメです。数字を分析して、戦力をつぎ込めば成果につながることがわかったところを攻める。

ダスキン事業サービスマスターは、東京の東は杉並区、西は立川市までが営業エリアです。お客様にダイレクトメールを送っているが基本は郊外の住宅街で、家族形態や収入、生活スタイルなど、お客様の状況に大きな差はありません。お客様の属性が変わらないなら、ダイレクトメールに対する反応は同じになるはずです。

ところが、実際は地域によって反響率に差があります。もっとも反応が悪かったのは、立川市で0・19％。3092枚送って5人のお客様から問い合わせがある計算です。一方、もっとも反響率が良かったのは武蔵野市で、2988枚で19人、0・64％。同じダイレクトメールでも、成果は3倍以上違う。

差が出る理由についてはいくつか思い当たる節がありますが、ここではあえて分析しません。理由がどうであれ、成果が出るテリトリーは武蔵野市だとはっきりした。自社の営業エリアでナンバーワンです（新型コロナウイルスの影響で5月は800万円の赤字、6月は立川市の戦力を武蔵野市等に移して1100万円の黒字。効率が3倍にアップし、人が不足して悲鳴をあげた）。

どこを攻めていいのかわからない社長は、まず**自社のデータを確認**してください。営業担当を多く投入しているのに売上があがらないエリアがあれば、そこはやってもムダな場所です。また、何度も訪問しているのに小さな案件しかもらえない顧客がいたら、無理しておつきあいする必要はありません。

成果の出ない地域や顧客に手間や時間、お金を費やすのはもったいない。同じ手間や時間、お金を使うなら、いま実際に成果が出ているところにつぎ込んだほうがいい。

ランチェスター戦略は自社のデータ基盤があってこそ威力を発揮する

少し脱線しますが、大事なことをここで一つお話ししておきましょう。

どこでどのような成果が出ているのかをデータで確認するためには、当然、普段からデータを取っておく必要があります。**勘やあてずっぽうで判断するのではなく、データに基づいて判断する**道具が**「データドリブン」**で、IT化が進んだいまではあたりまえになりつつあります。

しかし、中小企業にはいまだにヤギを飼っている会社――IT化が進んでいなくて社内が紙で溢れている――が多い。データをデジタルで取っていなかったり、部門ごとに取っていても全社のデータ基盤がない状況では、まともな分析ができません。

チラシ反響率のデータを全エリアで比較できるのも、データドリブンを使用できる環境が整っているからです。

サービスマスター事業部は、社内のデータだけでなく、市町村の人口・気象庁の2週間先の天気予報等を組み合わせた「データポータル」を活用しています。データポータルは、データをこちらから取りに行くというよりも、データが勝手に流れ込んで分析してくれるものだとイメージすればいい。


このあと、ランチェスター戦略の実践でも、データ分析が求められる場面が出てきます。アナログでできないことはありませんが、データ基盤が整っていれば、よりスピーディーで正確な実践ができます。

いまだに社内でヤギを飼って紙を食べさせている会社は、そのことを頭の片隅に入れながら、読み進めるといいでしょう。

＜データに基づいて成果を確認する＞

○武蔵野データポータル

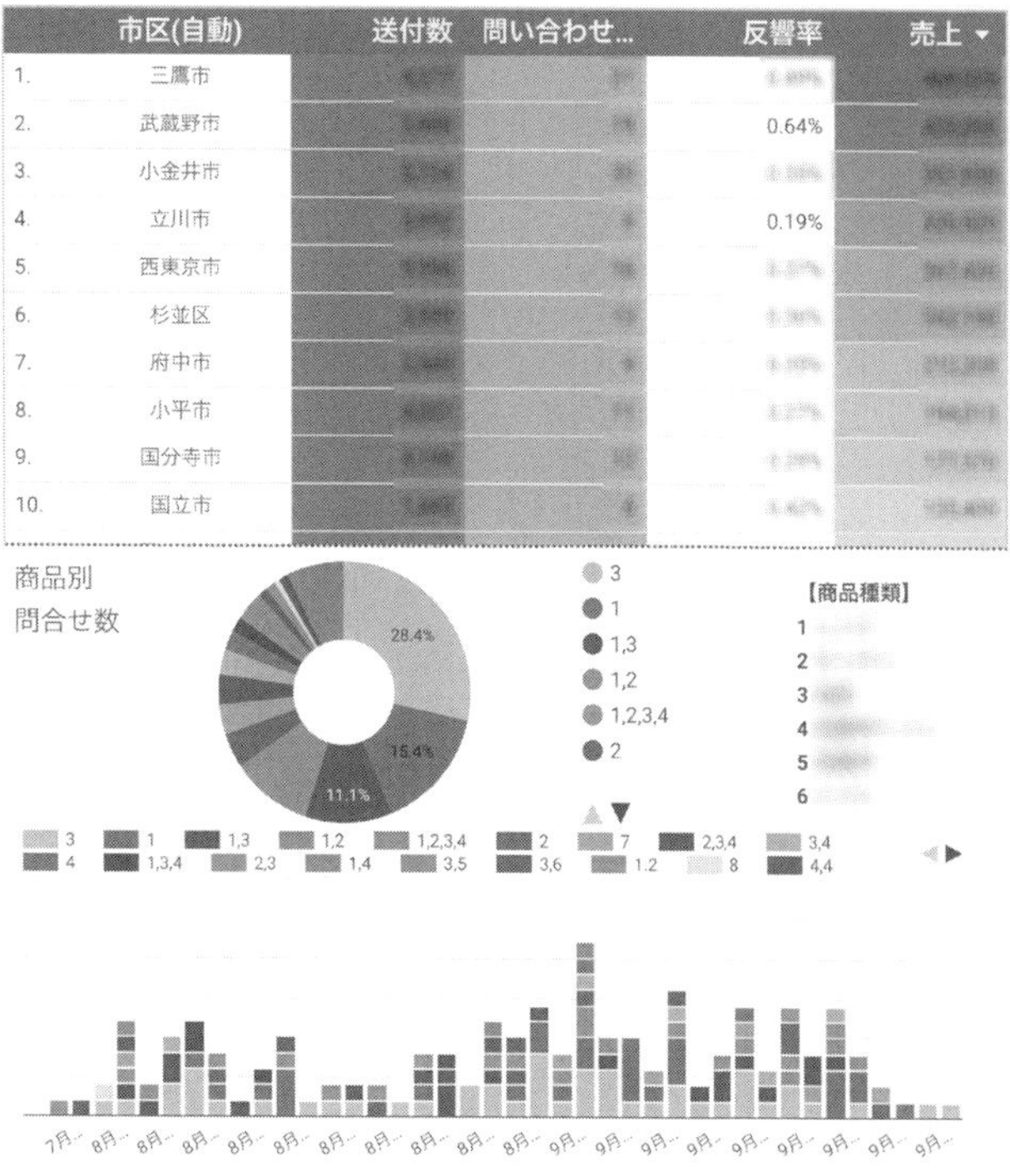

データ基盤の整備はランチェスター
戦略成功のカギ！

商圏を区切り、見える化せよ

商圏は業種・業態で異なる

どのエリアで戦うかを分析する際は、**商圏をどう区切るか**の問題を先に解決しなくてはいけません。

商圏の広さは、業種業態で異なります。**店舗ビジネスなら、1丁目2丁目の丁単位**がわかりやすい。一方、メーカーや卸の**BtoBのビジネスだと、市町村単位**に一気に広がります。

都市部と農村部でも違います。都市部は公共交通機関が発達していて、それほど遠くにいかなくても物が揃います。一方、農村部の主な移動手段は車で、メートルではなくキロ単位。お店の看板も「徒歩1分」ではなく「3キロ先を左折」で、距離感がまったく違う。

こうした違いを無視して商圏を分析すると、近所の人を相手にするクリーニング店が「○○市を攻める！」のように、ちぐはぐな戦略になるので要注意です。

BtoCの店舗型ビジネスは、ほぼ毎日消費する食料品・日用品なら**「最寄り品圏」（都市部300メートル、農村部2キロ）**、衣料品や家電など数カ月に一度の購入頻度なら**「買い回り品圏」（都市部2キロ、農村部10キロ）**、高級ブランド品や自動車など数年に一度なら**「専門品圏」（都市部15キロ、農村部30キロ）**が目安になります。

メーカーや卸も、購入頻度が関係してきます。卸売や消耗品のルートセールスで取引回数が多いなら**「トラック圏」（半径35キロ）**、耐久品や案件ごとのビジネスなら**「工場立地圏」（半径60キロ）**が目安になるでしょう。

ここであげた距離はあくまでも目安です。実際は、交通機関や道路、地形に大きく左右されます。山間の町なら、幹線道路に沿って商圏が細長く伸びているケースが少なくない。あるいは距離的に近くても、川で隔てられていて別の商圏になっている場合もある。

商圏を実態に近い形で把握するには、**顧客を実際に地図上に並べてみる**と早い。地図で示せば、拠点から同心円状に顧客がいるわけではないことに気づきます。

また、地図上にマッピングされた顧客をよく見れば、実際の商圏と住所による区分にズレがあることもわかります。同じ1丁目内でも顧客の集積度に偏りがあるかもしれないし、本当は隣の2丁目の交差点のところまでひとまとめにしたほうが実態に近いかもしれない。それを頭の中だけで正確に把握できるほど、私たちの脳は賢くありません。素直に地図上に記し俯瞰《ふかん》して目に見える形にしたほうが無難です。

商圏を見える化すると、効率的な営業ルートも浮き彫りになります。それなりに売上のある顧客でも、その顧客だけポツンと離れたところにいて、そこに行くと他の顧

＜商圏はエリア、業種業態で変わる＞

	商　圏
店舗	丁
BtoB	市町村

	距離単位	移動手段
都市部	m	徒歩・公共交通機関
農村部	km	車

○店舗の商圏

	都市部	農村部
最寄り品圏	300m	2km
買い回り品圏	2km	10km
専門品店圏	15km	30km

○BtoBの商圏

トラック圏	半径35km
工場立地圏	半径60km

客を回れないならどうでしょうか。同じ時間にその顧客の半分の売上規模しかない会社を3社回れるなら、多く回れるルートを設定したほうが成果が出ます。

効率よく回るルート設定がポイント

わが社は武蔵野エリアで圧倒的ナンバーワンです。そこで本来のテリトリーから遠く離れて、秋葉原にダスキンの営業所を設けました。ここは営業担当一人当たりの契約金額がとても高い。

武蔵野エリアは高いビルが少ないので横に移動しながら営業活動を行います。横に動けばそのたびに営業車を停める場所を探す必要があり、どうしても時間がかかる。それに対して秋葉原は**ビルばかりで縦に動くため、横に動くより3倍多く回れます。一人当たりの新規契約金額も同じ人（同じ能力）で3倍**になりました（ルートサービスはダスキン本社が100%経営するシャトル・サービスにお願いしています）。効率のいいエリアにチャレンジしているところです。

葬儀・葬祭用品を扱う**株式会社イガラシ**（福井県）の商圏は全国です。顧客となる斎場や葬儀会社は全国に約３０００社ありますが、葬儀用品がとてもニッチな市場で、どこかのエリアを丸ごと捨てるのは難しい。そこで本社からの出張で全国を回っています。全体を見ると、「狭く深く」のランチェスター戦略とは程遠い。

ランチェスター戦略を学んだ五十嵐啓二社長は営業ルートで工夫をした。大口の顧客を中心に商圏を設定して、そこから**1日7〜8社を回れるルート**をつくって回りました。このやり方だと、**出張のたびに商圏の中心になる大口顧客に複数回訪問**できます。また、大口顧客から遠く離れた取引先はルートから外して、ルートの効率を高めることもできる。**営業エリアは全国でも、それぞれのエリアでは「狭く深く」**で戦っている。

イガラシは、もともと業界10位以下の会社でした。しかし、２０１９年度の売上は**業界3位まで躍進**した。その背景には、綿密な商圏分析とルート設定があったことは間違いありません。基本的に広域戦にならざるを得ない業界だけに、ランチェスター戦略がよく効いたようです。

「セグメント」も絞り込む

テリトリーは地域のことだけではない

ランチェスター戦略は、小さなテリトリーに戦力を集中させる戦略です。ここでいう「テリトリー」は、地域（エリア）だけの意味ではありません。マーケティング用語で同じ性質を持っている顧客層のことを「セグメント」と言いますが、**セグメントを絞り込むこともランチェスター戦略**の一つです。

わが社の売上に長年貢献してくれた事業の一つに、ボイスメール事業があります。

２０１９年に事業譲渡をしましたが、譲渡時でも売上が９７００万円、営業利益が

5200万円で、安定的に収益をあげていました。

ボイルメール事業は黒字化するまで時間を要した問題児でもあった。事業を立ち上げたのは1997年。当時流行していたポケットベルの次はボイスメールと読んで売り始めたが、どうにも反応が悪かった。

商品は自信がありました。武蔵野社内で使っていたが、文字だけでは伝わらないアナログの部分を伝えることができて便利でした。非常に優れたコミュニケーションツールで、20数年経ったいまも使っています。

では、いい商品なのになぜ売れなかったのか。**セグメントを絞らず、手当たりしだいに売ろうとしていた**からです。

ポケベルは商用のビジネスパーソンだけでなく、女子高生にも使われていました。ボイスメールはその後継と位置づけていたから、BtoB、BtoC関係なく売ろうとした。その結果、どのセグメントに対しても中途半端なアプローチしかできず、お客様の心を動かすことができなかった。

風向きが変わったのは、ダスキン事業からエース級の社員数人を一気に投入した

２０００年です。このとき戦力を集中させるだけでなく、**セグメントもＢｔｏＢ、しかも中小企業の経営層に絞り込みました。売る相手を絞り込めば、売り方も変わる**。それまでは手当たり次第に訪問していたが、経営層が興味を持つテーマでセミナーを開いて集客をして、そこに集中して営業をかけました。現在の経営サポート事業もセミナーで集客しますが、原形はこのときできました。

ボイスメール事業のお客様は日本全国で、エリアは広域です。セグメントは個人のお客様を捨てて、中小企業の経営層にグッと絞った。それによって戦力の集中ができ、売上があがった。

いい商品やサービスなのに売れない場合は、かつての武蔵野のように顧客層を広く取り過ぎているかもしれません。顧客層を性別でざっくり区切るとしたら、本当にそれは正しい区切り方なのか。「男性」がターゲットではなく、「20代男性」「既婚男性」と小さく区切ったほうが、より効果的な攻め方ができる。ひとくちに「主婦層」といっても、よく売れるのは「専業主婦」だけかもしれない。

このように**顧客層を細分化して分析すると勝ち筋が見えます**。

＜セグメントを絞り込む＞

○武蔵野のボイスメール事業

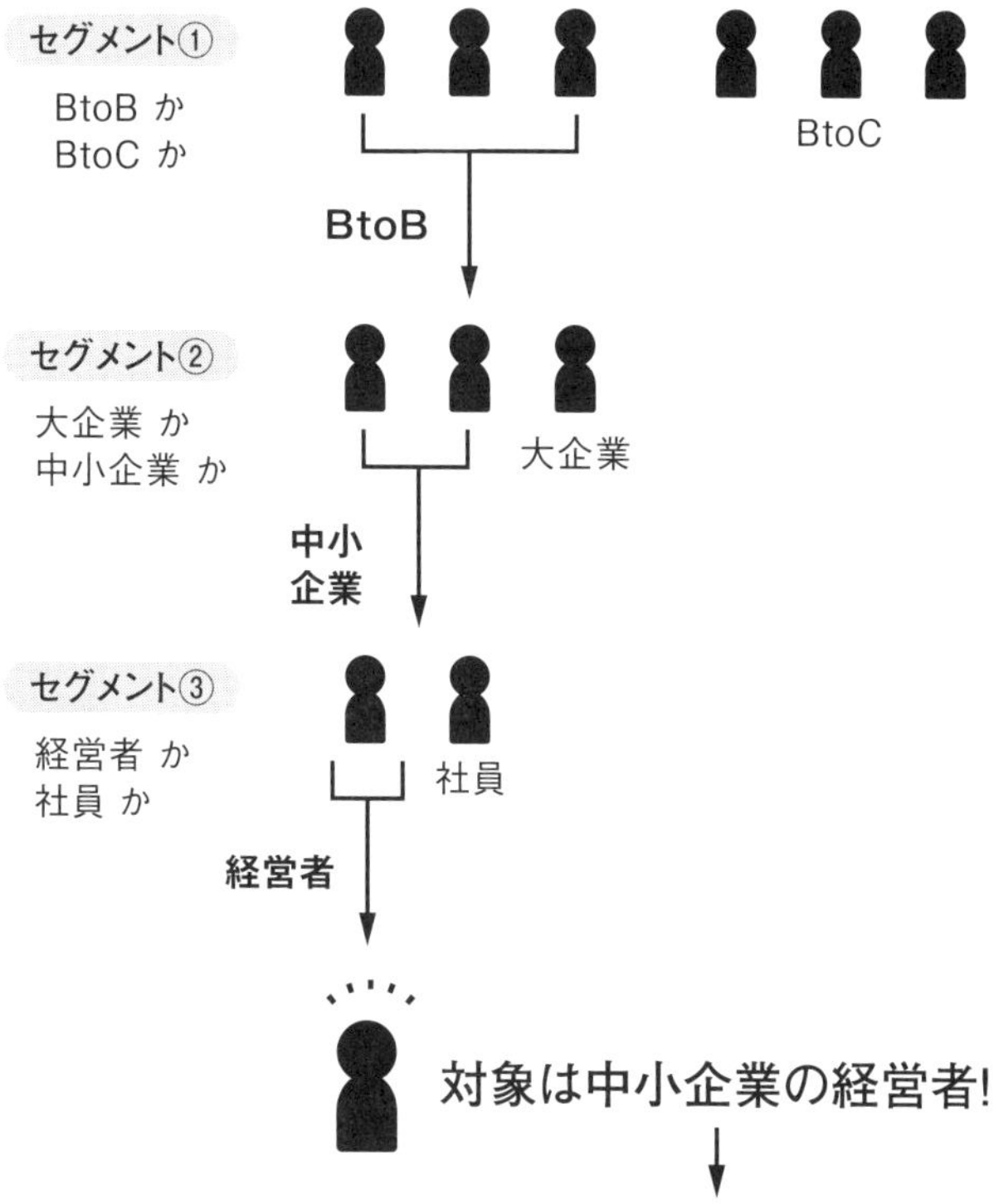

中小企業者向けのマーケティングを行う

お客様を細分化して絞り込めば
戦力を集中できる

「ニーズ」に注目すれば宝の山が見つかる

商品、サービスのニーズからセグメントを見つける

セグメントの見直しは、データに基づいて行うことが基本です。さまざまな切り口で分析して実際に売れている層が浮かび上がれば、そこを集中して攻める。

これまで攻めていなかった顧客層が、じつは宝の山だったケースもあります。宝の山の在りかは、過去のデータを見るだけでは発見できません。攻めなければデータもないから、見つけられないのは当然です。

では、埋もれている宝の山を見つけるにはどうすればいいのか。逆説的ですが、大切なのは**セグメントの発想からいったん離れて、「ニーズ」に着目する。**

わが社でランチェスター戦略の講師を務める久保田將敬《まさたか》本部長から興味深い話を聞きました。

現在のやや貫禄のついた姿からは想像がつきませんが、久保田は若いころ〝湘南ボーイ〞で、神奈川の海でサーフィンばかりしていた。海から上がった後、ほてった体をすっきりさせるために使っていたのが海外ブランドのローション「シーブリーズ」。バブルを経験している50代の男性なら、おそらく一度は手に取ったことがある人気商品です。

シーブリーズは時代とともに販売不振に陥ります。そこで、販売権を取得した資生堂は「マリンスポーツを楽しむ若い男性」がターゲットでいいかと考え直しました。分析の結果、新たに注目したのは**「ダンスを踊る渋谷の女子高生」**です。彼女たちはダンスの練習の後、すぐシャワーを浴びられるわけではない。まさに若いころの久保田と同じように、**「つけるだけですっきりしたい」というニーズ**を持っていた。

そこから資生堂は商品デザインを女性向けにしたり、ＣＭに起用するタレントも男性から女子高生世代の若い女性タレントに切り替えました。その効果で、売上はなんと**1年で8倍**に。見事に宝の山を引き当てました。

年齢や性別で整理された過去のデータを見るだけでは、資生堂はおそらく女子高生にたどりつけなかったでしょう。**「この商品はどのようなニーズを満たすのか」**と原点に立ち返ったことで攻めるべきセグメントが見つかり、売上の驚異的な伸びにつながった。

攻めるべき顧客は「ABC分析」で丸わかり

お客様を区別しないと「狭く深く」攻められない

いつもたくさん買ってくれるお客様と、ごくたまに少額の商品だけを買っていくお客様。どちらも同じ大切なお客様だから、えこひいきしたりせずに等しく接するのがあたりまえだと考える社長はいないでしょうか。

まことに殊勝な心がけですが、経営者としては危険な考えです。お客様を性別や人種などで「差別」するのはいけません。しかし、**購入金額や購入頻度で分けるのは「区別」**です。

お客様を区別せずにみんな同じに扱うと、ランチェスター戦略の「狭く深く」ができません。効果的な営業ができずに弱者から抜け出せなければ、商品やサービスの品質向上にお金をかけられなくなり、結局はお客様のご迷惑になる。**ビジネスでは、お客様を「区別」することが正しい。**

ＢｔｏＢのビジネスで、営業担当が３人、お客様が３００社とします。購入金額や購入頻度に関係なく平等に回れば、１人の担当は１００社。１日に5社回るとして、訪問は月１回です。行けばいつも発注してくれるお客様もいれば、年に１回しか発注しないお客様もいるのに、どちらも月１回でいいと思いますか？

滅多に発注しないお客様への営業は、メールや電話で十分です。そこで浮いた時間をよく発注するお客様に費やせば、訪問回数を月2回3回と増やして、さらに売上を伸ばすことができます。全体の訪問回数が変わらなくても、こうして強弱をつけたほうがトータルの売上は上がる。

ランチェスター戦略の基本は、小さなテリトリーに戦力を集中させることです。これまでテリトリーとしてエリアやセグメントを紹介しましたが、**お客様も同じ**だと考えてください。数いるお客様を満遍なく攻めると、戦力が分散して成果が出にくくなります。**お客様をしっかり区別して、攻略すべきお客様に集中的に営業をかけたほうが、勝率は高まります。**

問題は、攻めるべきお客様をどうやって区別するかです。

ベテランの営業担当は経験があり、攻めるべきお客様を感覚的に理解しています。ただ、いつもその感覚が正しいとは限りません。長く通っているうちにお客様と仲良くなり、「行けばお茶を出してくれるから」と訪問し、本当に茶飲み話だけして帰ってくる営業担当は少なくない。行きやすいお客様と買ってくれるお客様は、必ずしも一致しません。感覚に任せると、そこを混同する社員が出てきます。

また、ベテランが攻めるべき顧客を正しく見極められたとしても、新人に同じことをやらせるのは酷です。営業活動で門前払いは日常茶飯事ですから、ストレス耐性が弱い新人は、それこそ行きやすい楽なところばかり行ってしまいます。

組織として戦略的に営業に取り組むときは、**攻めるべきお客様の見極めを個人任せにしてはダメ**。どのお客様を重点的に訪問すべきか、ある一定のルールに基づいて上司が指示する必要があります。

お客様を総需要と自社重要度とで区分する

このときに役に立つのが**「ABC分析」**です。ABC分析はもともと効率的な在庫管理を行うための分析手法ですが、その他にも物事の重要度を判断したいときに広く応用が可能です。これを使えば、攻めるべきお客様の整理もできる。さっそくやり方を紹介しましょう。
まず、見込み客も含めてお客様リストを出してください。そして購買額の多い順に上から並べます。自社の購買額に限定せず、他の競合からの購買額も含めた総需要です。並べたら、次はこれをA～Cの3つのグループに分けます。

全顧客の総需要における購買額の構成比で上位70％までに入るお客様がA、70～95％に入るお客様がB、それ以下の100％までがCです。

リストにあげた顧客の購買額の総計が100億円とします。これが総需要で、みなさんの業界の市場規模と等しい。このうち購買額がもっとも大きいのはア社で40億円、続いてイ社30億円、ウ社10億円、エ、オ、カ社が5億円、以下、1億円に満たない会社がたくさんあります。

総需要の上位70％、つまり市場規模100億円のうち70億円の需要を担っているのはア社とイ社。この2社がAになります。次は総需要の95％まで、ウ～カ社までがB。それより下のお客様はCです。わかりやすいようにお客様の数を少なくしましたが、圧倒的強者がいなく弱者が乱立している業界なら、Aに20社、Bに50社、C以下は数えきれないくらいいるケースもあります。

数字が並んで頭が痛くなりそうですが、シンプルに**Aは業界における大口顧客、Bは中口顧客、Cは小口顧客**と考えればいい。ここまではいいですね。

さて、大口か小口の情報だけではまだ分析ができません。攻めるべきお客様かどうかを見極めるには、**お客様にとっての自社の重要度を把握**しなければならないからです。

お客様にとっての自社の重要度は、お客様内の自社のシェアで判断します。業界によって違いはありますが、多くのお客様はリスク管理やコスト削減を目的にして、二社以上の会社から購買する複数購買をしています。複数購買のケースで、自社はお客様の中で重要な取引相手か、それとも取るに足らない取引先の一つなのか。それをお客様内のシェアで見極めます。

具体的に、**自社が深く食い込んで圧倒的シェアナンバーワン（2位にルート3倍以上の差）ならa、ドングリの背比べで明確なナンバーワンがいないならb、競合のほうが深く食い込んでいて自社が離されたナンバーツー以下ならc、そもそも自社は未取引でシェアゼロならd**と分類します。

＜ABC分析の横軸と縦軸＞

A＝総需要上位 70%までのお客様（業界大口顧客）
B＝総需要 70〜95%までに入るお客様（業界中口顧客）
C＝それ以下のお客様（業界小口顧客）

	A	B	C
a	Aa	Ba	Ca
b	Ab	Bb	Cb
c	Ac	Bc	Cc
d	Ad	Bd	Cd

a＝自社がシェアナンバーワン※のお客様
b＝明確なナンバーワンがいないお客様
c＝他社がシェアナンバーワンのお客様
d＝未取引で自社がシェアゼロのお客様

※2位にルート3倍以上の差がついている

総需要は業界の市場規模に置き換えてOK

総需要における購買額構成比を示す**「ラージＡＢＣ」**と区別するために、お客様内の自社シェアは**「スモールａｂｃｄ」**と小文字で表します。

ラージＡＢＣとスモールａｂｃｄ。この２つの軸を掛け合わせると、前ページの図のような12の領域を持ったマトリックスができあがります。みなさんの会社のターゲットになるお客様は、この12の領域のどこかに分類される。ここまで準備をして、ようやくどの領域にいるお客様を重点的に攻めるのかを決めることができます。

ＡＢＣ分析でお客様を分類する方法はおわかりいただけたでしょうか。頭の中であれこれ想像するより、実際に自社の資料を用いて試したほうが早い。**正確性は二の次で、まずは手を動かしてみる**ことをおすすめします。

Aクラスの優良顧客が最重要ターゲット

売上があるところをさらに攻める

さあ、12の領域にお客様が分類されました。はたして攻めるべきお客様は、どの領域か。領域ごとに相応しい営業の方針や方法があるが、一つひとつ解説する前に、おおまかな戦略をお話ししましょう。

12の領域は、自社の売上によって大きく4つのクラスに分けられます。

売上が多いのは「Aa」「Ab」「Ba」で、これがAクラス。以下、「Ca」「Bb」

「Ac」がBクラス、「Cb」「Cc」「Bc」がCクラス、売上がまったくない「Ad」「Bd」「Cd」がDクラスです。だいたい左上が優良顧客で、右下にいくほどランクが下がっていくイメージです。

ランチェスター戦略で**優先的に攻めるのは、Aクラス**です。成果が出やすいのはいま成果が出ている領域です。たくさん買ってくれるお客様がいる領域を攻めるのが正しい。

逆に**捨ててもいいのは、C、Dクラス**です。CやDに戦力を費やすならBクラスに振り分けて、Bクラスに振り分けるならAクラスに振り分ける。こうやって戦力に強弱をつけて、「狭く深く」を実現します。

これを徹底したのが、葬儀業の**株式会社まきの**（東京都）です。同社は一般の葬儀を執り行うだけでなく、行政機関の依頼で、不慮の事故等で亡くなられた方の葬儀にも対応しています。

＜ＡＢＣ分析でお客様を分類する＞

	A	B	C
a	Aa	Ba	Ca
b	Ab	Bb	Cb
c	Ac	Bc	Cc
d	Ad	Bd	Cd

Aクラス＝優先的に攻める

Bクラス＝C・Dクラスの戦力を振り分けて攻める

Cクラス＝捨ててもいい

Dクラス＝捨ててもいい

左上に行くほど優良顧客になる

同社の営業エリアでは年間1万3000人がお亡くなりになりますが、こういった突然の出来事で亡くなられる方は10～15%いらっしゃると言われています。ご遺族は、突然の出来事で気が動転しているなか、さまざまな選択を求められるため、一連の手続きに慣れている葬儀社が選ばれることもあり、各行政機関への顔出しが重要となります。

それまで安定的にご遺族からのお問い合わせがあった「まきの」ですが、2015年にいきなり1割以上減りました。危機感を覚えた牧野昌克社長は、ランチェスター戦略を組織導入することを決め、さっそくABC分析を行った。

営業エリアにはいくつか相談窓口がありました。そのうちAクラスをターゲットにして訪問回数を増やしたところ、2年後には**お問い合わせ数が140%**（2015年比）になりました。ランチェスター戦略のセオリーどおりの結果です。

牧野社長が偉かったのは、そこで手を緩めず、**さらに細分化して取り組んだこと**でしょう。

それによって、ランチェスター戦略の強みを最大限に引き出して科学的な営業活動を実行した。まさに「闇夜に鉄砲を撃たず」です。

その結果、さらに1年後の2018年には、お問い合わせは2015年比で**160%増**になりました。3年で、1・6倍です。

細分化した形でのABC分析には、思わぬ効果もありました。ABC分析をしていないころは、戦略が不明で行き当たりばったりでしたが、分析によって計画的な訪問が可能となり、そのおかげで営業担当が計画的に休めるようになり、**働き方改革が進んだ**とか。業績が伸びると同時に休みが増えたから、社員も大歓迎です。

売上を伸ばすためには、売上の少ないところを攻めて底上げを図るのではなく、売上があるところをさらに攻めて積み増しするのが鉄則です。「まきの」はそれをお客様という単位だけでなく、さらに踏み込んで細分化した。お問い合わせが伸びるのは当然だった。

八方美人の大口顧客より、深くつきあえる中口顧客!?

Aクラスで最優先に攻めるべきところは?

Aクラスを重点的に攻めるという大方針を踏まえたうえで、12の領域について、もう少し詳しく解説をします。

左上の**「Aa」は、大口かつ自社がシェアナンバーワンで、「守る」**領域になります。このお客様の中では自社が圧倒的強者で、いま以上に攻める必要はありません。戦力は基本的に現状維持。競合が人員や訪問回数を増やしたらこちらも増やす、競合が値引きをしたらこちらも同じだけ値引くように、強者の戦略であるミート戦略を活用して競合に対応します。

では、意図的に「攻める」のはどこか。**大口で拡販余地が大きい「Ab」「Ac」「Ad」です**。

なかでも**最優先は、圧倒的シェアナンバーワンが存在しない「Ab」**です。

ここは競合も含めてドングリの背比べで決め手がない状態ですから、戦力を一点集中させて数的優位をつくれば頭一つ抜け出せる可能性が高い。自社が強者になるまで、人員や訪問回数、販促企画を増やすなど徹底的に攻めたいところです。

「Ac」「Ad」も、できれば戦力を増やしたいところですが、優先度は「Ab」より下です。

こちらに割ける戦力には限界があるので、一点集中して数的優位をつくるより、競合にない強みを押し出す差別化戦略に重きを置いたほうがいいでしょう。

Bクラスは利益をあげやすい層

大口ではないBのラインにいるお客様はどうでしょうか。

Aのお客様は、自社が買い手として優位にいることをよく知っています。ですから、**「八方美人型」**で多くの会社とつきあい、価格を下げさせる。そのためにうまく食い込めて売上が取れても、利益はそれほど出ないケースがよくあります。

その点、Bのラインにいるお客様はそこまで八方美人型ではありません。売上より利益重視で、むしろAよりBを攻める選択もありえます。

Bの中でも自社がシェアナンバーワンの**「Ba」**は、自社が強者ですから強引な攻めは必要ありません。ただ、Bの領域のお客様は将来成長してAになる可能性がありますす。ですから**「守る」より「育てる」**営業が正しい。具体的には、お客様の課題に対してソリューションを提供したり、お客様に別のお客様を紹介するなど、お客様自

＜A・Bラインをどう攻めるか＞

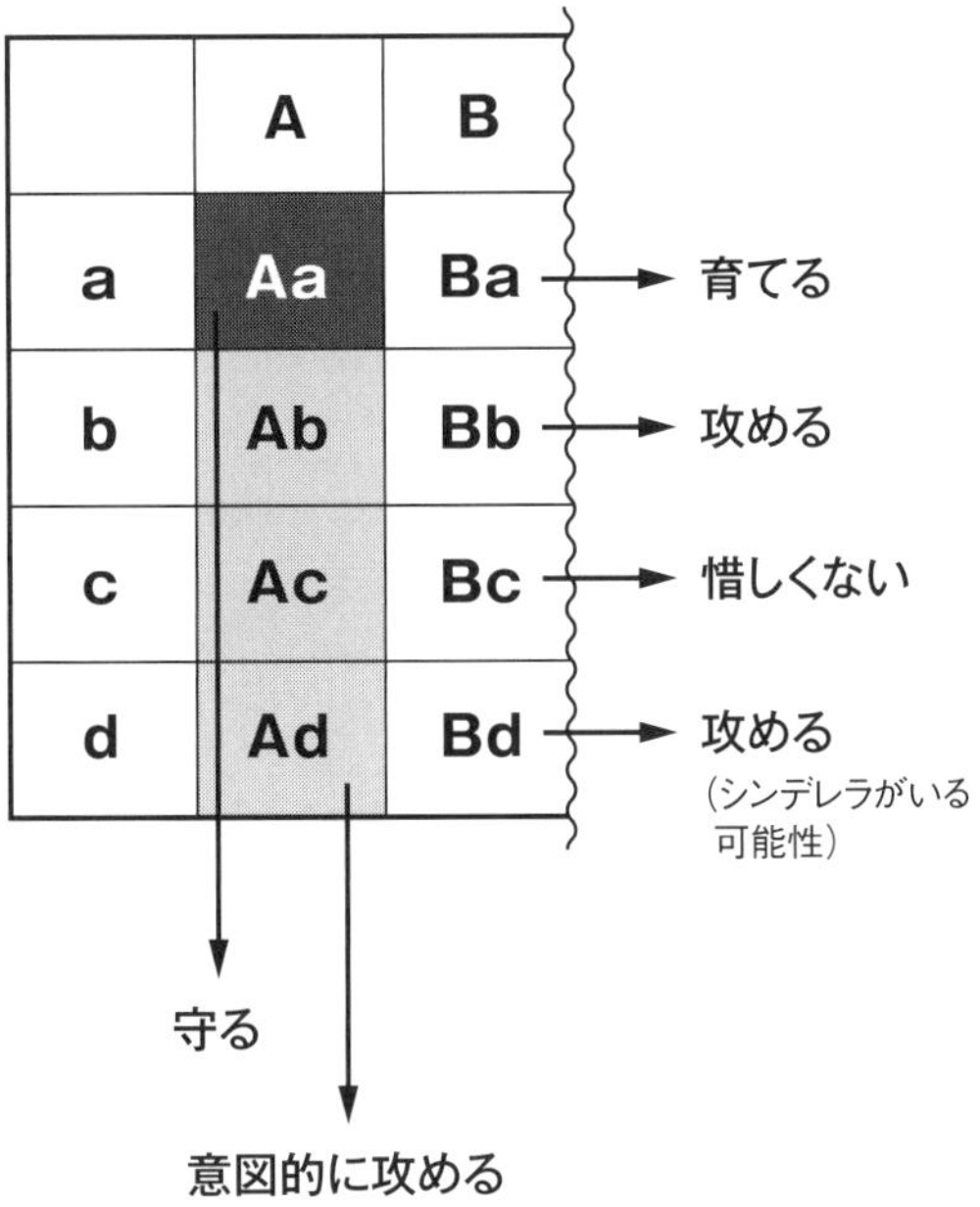

最優先は「Ab」のお客様！

身のビジネスを伸ばすことを重視した営業をする。攻撃量も、現状より増やします。

その下の**「Bb」は「攻める」**で、自社のシェアナンバーワンを目指します。その下の**「Bc」**は、仮になくなっても**「惜しくない」**領域です。もちろん売上はないよりあったほうがいいが、他の領域を差し置いて戦力をつぎ込む必要はない。直接訪問は減らして、メールや電話などの空中戦で対応すればいい。

ただ、さらにその下の**「Bd」**領域、つまり中口だが未取引の新規については、中に**将来大化けする〝シンデレラ〟が混じっている可能性**があります。それは取引してみないとわからないので、まずはいったん取引できるように**「攻める」**で対応します。

「シンデレラ」以外は時間をかけない

「シンデレラ」は社長が見極める

最後のCのお客様は、攻めても実りが少ないので攻めません。

自社のシェアナンバーワンの**「Ca」**は**「現状維持」**。**「Cb」「Cc」**は**「惜しくない」**ので、戦力は他に回して、DMなどの空中戦に徹します。いまだ取引のない**「Cd」**は、とくにこちらからアプローチせず、先方から問い合わせがあったときだけ対応する**「放置」**で十分です。

Cの中にもシンデレラが潜んでいる可能性はあります。現場の営業担当がそれを見極めるのは難しいかもしれませんが、社長が営業に行けばおおよその見当がつくはず。社長が直接行って将来性を感じなければ、それ以上、時間をかける必要はない。

攻めないと決めていきなり訪問しなくなれば、お客様が気分を害すのではないかと不安を抱く社長もいるでしょう。攻めなくなった結果、取引がなくなるのは想定の範囲内。しかし、悪い評判が立って他のお客様にまで影響が出たら、たしかに困ってしまいます。

Cのお客様から戦力を移すのに苦労しそうなら、**Cのお客様だけ値上げする**方法もあります。値上げをすれば、こちらから何もしなくてもお客様から穏便に離れていってくれます。それでも残るお客様は大事なお客様で、これまでどおり手厚くフォローすればいい。

Cだけ値上げするなんて不公平ではないか。この考え方は間違いです。

＜Cラインをどう攻めるか＞

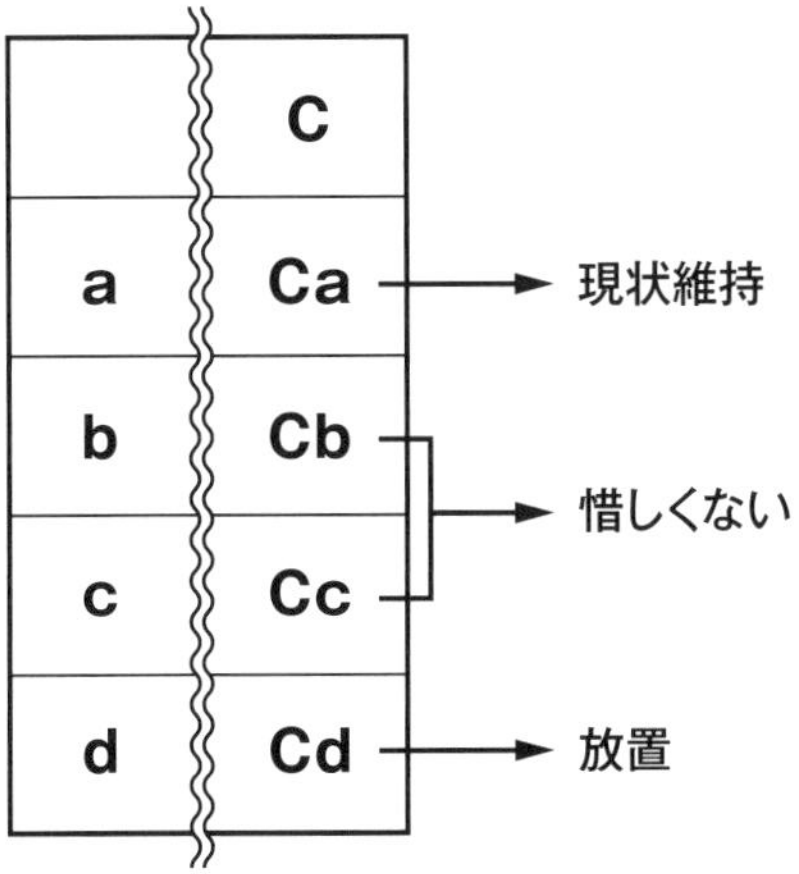

シンデレラ以外には戦力を費やさないこと

先に申し上げたように、購入金額や購入頻度でお客様に差をつけるのは、差別ではなく区別です。手間や時間がかかるわりに収益につながらないお客様がいれば、値上げにご協力いただくのは当然です。

いずれにしても、**Cのラインでシンデレラ以外に人員や時間を費やすのはもったいない**。中小企業のリソースは有限です。何かをやめなくては、大事なところにリソースを回すことができないと心得ましょう。

新規顧客を紹介してもらえる接待の仕方

紹介を使えば門前払いを突破できる

事業の状況やビジネスモデルによっては、既存客より新規開拓（つまりスモールd）が営業の中心になることがあります。

市場が成熟していて既存客の成長がこれ以上望めない場合や、新たなエリアに進出する場合は、新規開拓を重点化せざるを得ない。また、住宅や自動車など、人生にそう何度も買うわけではない商品を扱う業種も新規の比重が大きい。新規で獲得した顧客をリピートに導くことも大切ですが、同時に新規を獲得し続けないと事業が立ち行かなくなります。

新規は既存客と違って関係性がゼロで、まず関係性を築くところから始めないといけません。そしてその第一関門をすり抜けることがとにかく難しい。お客様は幼いころに教えられたルール「知らない人についていっちゃいけません」を大人になっても守っている。見知らぬ会社がやってくれば、たいてい門前払いです。

それでもチャレンジし続けなければいけないのが新規開拓の大変なところ。私なら「紹介」を活用します。見知らぬ人が門前払いされるなら、**知人に知人を紹介してもらい、間接的に知っている人になればいい**。最大の難関である第一関門を突破できれば、あとの苦労は既存客営業とそれほど変わりません。

では、誰から新規のお客様を紹介してもらうのか。それは**お客様**です。新規のお客様の情報をよく知っているのは、同じ業界で同じような悩みを持っているお客様。そこで新規のお客様を獲得できたときに、

「同じような課題をお持ちの会社様をご紹介いただけませんか」

と聞いてみる。

お客様から見ると、競合の紹介を依頼されることになります。仕事を受けきれないときに回し合ったり、独立や暖簾分けでゆるやかなグループとしてつながっているなど、横のつながりが強い業界は少なくない。ダメモトで頼んでみる価値は十分にあります。

確率を高めたいなら、「こんど一席設けますから」と付け加えてみましょう。接待をエサに紹介を依頼する。

山口県でダスキン事業からスタートして外食・レストランを手掛ける**株式会社ダスキン山口**の岩本恭子社長から、女性でもできる接待の方法について尋ねられた。

普通ならば、自分の行きつけの店で接待するが実態は自慢になる。

接待したい人に、「私は行きつけの店がないから、Aさんの行きつけのお店に連れて行ってください」と言って、Aさんの店に連れて行ってもらう。

飲食代は、もちろんこっち持ちです。

ポイントは、**Aさんがトイレに行っているときに、Aさんが入れているボトルを3本、Aさんの名前で入れて、すべて勘定を済ませる。**ニューボトルを入れていることはもちろん内緒です。

行きつけの店ですから、それほど間を置かずにAさんはまた来店するでしょう。そこでママから「このまえのお客さんが入れといてくれたわよ」と教えられ、満足度は最高潮です。このサプライズで、Aさんの心はガッチリ掴める。

その後、岩本社長は数人のお客様を接待して、新しいお客様の紹介を受けています。

うまい接待には、新規開拓のための訪問数百件分の効果があります。地道に訪問を重ねることも大事ですが、飛び道具を使いつつ、賢く新規開拓をしたいものです。

＜女性でもできる接待の方法＞

①接待相手がトイレへ

岩本社長
Aさん

②その間に（Aさんには秘密で）

Aさんの名前で
ボトル3本お願いします
ママ
¥

③後日Aさんが来店すると──

このまえのお客さんが
入れてくれたのよ
えっ！
うれしいな。
紹介してあげよう
サプライズ

接待を上手に使って得られた紹介は、
新規開拓数百件分に相当する！

粗利益を見て顧客を入れ替える

B・Dクラスを攻めて3年で粗利198%増

ABC分析の12の領域について解説してきましたが、記号ばかりでよくわからないとお叱りを受けそうなので、実例を一社ご紹介しましょう。

12の領域の特徴を把握して営業戦略にうまく取り入れたのが、**株式会社キンキ**（京都府）の長谷川哲也社長です。キンキは工業用ゴム、樹脂製品を扱う会社で、工場内で使われるゴム、樹脂部品を販売しています。

同社のお膝元である京都は、世界的なメーカーが数多く存在します。その多くはラージAの大口顧客。商圏にラージAがごろごろしているのは、とても恵まれた状況と言えます。

京都のラージAは甘くありません。複数購買を徹底する「八方美人型」の傾向が顕著で、キンキはつねに競合との価格競争に晒《さら》されていました。その結果、案件は取れても収益は伸びていなかった。この状況を打開するため、2016年、キンキは工場からの受注生産を行う営業開発課にランチェスター戦略を導入しました。

さて、12の領域のうち、減らすのはC、Dクラスで、攻めるべきはAクラスでした。長谷川社長はセオリー通り、Cクラスの攻撃量（訪問回数）を大幅に減らしました。では、減らした攻撃量はどこに振り分けたでしょうか。

増えたのはAクラス、Bクラス、Dクラスですが、なかでも**突出して増やしたのはBクラス**でした（Aクラスは年間21回増、Bクラスは年間100回増）。セオリー通りならAクラスに集中すべきですが、**八方美人型のラージAより、価格競争に巻き込まれにくいラージBに注力**した。

もう一つ、**Dクラス、つまり新規顧客への攻撃量を増やした**のも特徴の一つです（Dクラス年間77回増）。Dクラスへの営業は効率が悪いので、本来は攻撃量を減らすべき領域です。しかし、既存客の成長が止まったり、価格競争が激しくなって利益が出なくなれば、新規に活路を見出さざるを得ない。

新規に可能性を感じた長谷川社長は翌年、翌々年と、さらにDクラスへの攻撃量を増やしました。減らしたのはCクラスとAクラスです。その結果、Cクラスのお客様が1社（ほとんど売上はなく実質的にD）、Dクラスのお客様が1社、**計2社がAクラスに育ちました**。新規営業はたしかに効率が良くないが、長谷川社長はシンデレラの心を見事に射抜いた。

数字は劇的に改善しています。ランチェスター戦略を導入する前の２０１５年、営業開発課の売上は2億１４００万円、粗利は５２００万円でした。ＡＢＣ分析で攻撃量を見直して3年目の２０１８年は、売上3億１８００万円、粗利1億３００万円です。**３年で売上は１４９％に、粗利は１９８％まで増えた**。

〈利益が出やすいお客様に軸足を移したキンキの戦略〉

Bクラスへの訪問回数
年間100回増!

	A	B	C
a	Aa	Ba	Ca
b	Ab	Bb	Cb
c	Ac	Bc	Cc
d	Ad	Bd	Cd

Dクラスへの訪問回数
年間77回増!
翌年以降A・Cクラスを減らして
さらに増!!

シンデレラが育ち、
3年で売上149%、粗利198%に

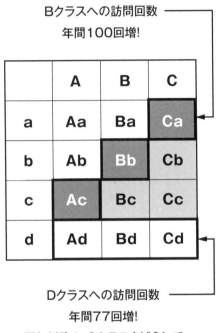

強調したいのは、**売上以上に粗利の増加率が高かった**点です。粗利益率を高めるには、付加価値の高い商品を投入したり、出張をやめて経費削減といった方法が思い浮かびますが、キンキのように、利益が少ないお客様から利益が出やすいお客様にシフトしてもいい。

ランチェスター戦略はAクラスを集中的に攻めることが基本ですが、それも自社や業界の状況しだいです。12の領域の特徴を把握していれば、各自が置かれた状況に合わせてきめ細かい営業戦略が立てられます。

お客様とライバルの情報をどう収集するか

情報収集のためのあの手この手

では自社でABC分析を行おうとなったとき、つまずきがちなのが、お客様や競合の情報収集です。

ABC分析は「総需要における構成比」と「お客様内の自社シェア」の指標を使ってお客様を分類しますが、どちらも自社内に数字があるわけではありません。分析するには、お客様や競合について情報を収集する必要があります。

一部の情報は、帝国データバンクなどの**民間の調査機関から購入**することが可能です。お金で解決できることならお金を出せばいい。情報を買うのは「投資」で、ケチケチしてはいけない。

ただ、何より頼りになるのは、自社の営業担当が現場で集めた情報です。お客様のところを訪問したときに、**「うち以外は、どんなところが商品を納めているんですか」「どれくらい発注されていますか」とヒアリングすれば、最新の情報が手に入る。**

それどころか、「A社に頼んでいるんだけど、納品が遅れ気味でね」と競合の弱点まで教えてもらえる。これはどこにも売っていませんから、やはり自社で集めにいくしかない。

無論、いつも口が滑らかに動くお客様ばかりではありません。情報をオープンにしてくれたほうがこちらもいい提案ができるが、なかには鉄壁の守備を誇るお客様もいらっしゃる。その場合は変化球の情報収集もありです。

みなさんが商品を納品するときに頼んでいる配達業者がいれば、そこからさりげなく聞き出す手もある。

「いつもありがとうございます。いつも配達に行くA社さん。うちの他にもA社さんへの配達を頼んでいる会社はあるの?」

「へぇ、あそこもA社さんに納品してるんだ。一回にどれくらい運ぶの? 頻度はどれくらい?」

飲み物を飲みながら労をねぎらい、世間話のテイで話しかければ、案外ペラペラと話してくれるものです。お客様からストレートにヒアリングするのが一番ですが、正攻法だけでは限界がある。格好つけずに、あの手この手で情報収集してください。

まずは手持ちの数字で始めていい

いまお話ししたことと矛盾するようですが、情報の正確さにこだわりすぎるのもよくありません。数字が数%違っていたり、一部の数字が欠けていても、どこを攻めるかの意思決定には影響しません。

正確さにこだわって分析が進まず、決定が遅れてしまったら、そのあいだに競合がシェアを伸ばします。**大切なのは正確さよりスピード**。まずは手持ちの数字で分析を始めます。

正確さを欠いた結果、大きく間違った戦略になることもありません。間違った＝成果が出なかったことも一つの情報で、フィードバックして分析をやり直せばいい。走りながら情報を拾って、それをもとにまた走る。経営はトライ＆エラーの繰り返しです。

また、業界や業態によっては、「総需要における構成比」や「お客様内の自社シェア」の軸にこだわる必要もありません。他の軸を用いたほうが分析しやすい、あるいは実態に近い分析ができるなら、軸を柔軟に変えてもいい。

ＡＢＣ分析の目的は、分析することではなく、成果を出すことです。そこをはき違えないようにして、上手に活用してください。

第3章

その「武器」でライバルに勝てますか？

高いマットが売れるのは、競合にない「武器」があるから

数的優位な状況をつくるだけでは勝てない

ダスキンのマットは、競合よりお値段が少し高価です。それでもわが社の営業エリア内ではお客様の支持を得て、シェアナンバーワンを誇っています。

高くても売れる理由はいろいろありますが、なかでも大きいのは高品質であることです。

高品質のマットと言われてもピンとこない人は多いかもしれません。じつはお客様もそう。「敷物なんてどこでも同じじゃないか」が一般的な感覚です。

その誤解を解くために、新規開拓部隊はお客様の前でデモンストレーションを行います。砂や水を持参してお客様の目の前でマットにかける。お客様はその場に砂や水が飛び散って汚れると怪訝な表情をされますが、高品質だから飛び散らない。自分の目で確認して、「競合のマットよりきれいになるね」「価格が高いだけのことはある」とご納得いただける。

このように競合との違いを強調する戦略を**「差別化戦略」**と言います。差別化戦略は、ランチェスター戦略では弱者が強者に勝つための重要な戦略として位置づけられています。武蔵野はエリアで圧倒的強者ですが、油断しないでいまも差別化に力を入れています。

なぜ差別化戦略が重要なのか。

章が新しくなったので、もう一度、基本から復習です。

ランチェスターの第一法則は「戦闘力=兵力×武器効率」でした。これは局地戦で適用される法則です。

兵力に限りのある弱者は真正面からぶつかると不利ですが、小さなテリトリーに戦力を集中させて局地的に数的優位をつくれば、強者に打ち勝つことができる。それがこれまで繰り返し強調していたランチェスター戦略の要諦でした。

この法則を見ればわかるように、戦闘力に影響する要素は兵力の量だけではありません。

もう一つの要素として欠かせないのが、**「武器効率」**です。

簡単に言えば、**武器効率は「質」**です。同じ兵力なら、兵士にナイフよりも銃を持たせたほうが強い。また、銃でも単発のピストルより連射できるマシンガンのほうが強い。単純な理屈です。

ところが、経営になると武器のことを忘れてしまう社長が少なくない。とにかく人を増やして、丸腰のまま戦場に送り出してしまう。量を増やすことは大切ですが、武器を持たせずに突っ込ませれば、結局は玉砕して兵力の損失につながります。量を増やす一方で、質を高めることも意識しないといけない。

＜武器効率を高めることも弱者が勝つ条件＞

戦闘力

＝

兵力 ×

武器効率

↓

「質」

競合が持っていなくて
違いを強調できるもの

↓

質を高めることで

差別化になる！

差別化戦略で武器効率を高める

問題は、どうやって質を高めるかです。強者がマシンガンを使っているときに、同じ性能のマシンガンを使っていては勝てません。他のコストを削ってより強力なマシンガンを揃える手もあるが、強者はお金に余裕があるので、単純な性能競争になるとやはり分が悪いです。

経営資源に劣る弱者が強者に勝つには、**敵が持っていない別の種類の武器を用意して相手の弱点を突く**しかない。そうやって競合との違いを強調するやり方を、差別化戦略と呼びます。

小さなテリトリーに兵力を集めると同時に、競合が持っていない武器を持たせて差別化を図る。この2つの戦略が揃ったときに、弱者が強者を打ち負かす可能性がもっとも高くなる。

社名でも競合に差をつけられる!?

製品、サービス、教育、ブランドで差別化する

弱者が差別化できるポイントはいろいろあります。ポピュラーなのは、製品やサービスの品質による差別化でしょう。

池田ピアノ運送株式会社（神奈川県）は、複合機や大型精密機械などの荷物を主に運送しています。社名からわかるように、かつてはピアノを中心に運んでおり、いまも取り扱い続けています。

ピアノはデリケートな商品であり、丁寧な荷扱いが求められます。また、ハイシーズンの3月には1日に20カ所以上回って運び入れる必要があり、同社は大きなピアノを10分で運び入れて設置まで行うノウハウを持っています。

長年のピアノ運送で培った「丁寧さ」と「速さ」は、複合機などを運ぶときにも発揮されます。機械専門で運んでいる競合には真似ができないサービス、品質であり、強力な差別化ポイントになっています。

池田輝男社長は社員教育に熱心です。その成果で、同社の社員はマナーがいいと評判です。サービスの品質と直接の関係がなくても、**社員の言葉遣いや立ち居振る舞い**がきちんとしていると、それだけで気持ちがいい。接客業ではあたりまえですが、そうではない業界でマナー向上に力を入れているのは見上げたものです。

池田ピアノ運送の差別化ポイントとしては、**ブランディング**も忘れてはいけません。先ほど紹介したように、同社のメインの荷物は複写機で、40%を占めています。

＜主な差別化要素＞

1 製品・サービス

製品（機能・性能・原材料）、商品、
サービス・アフターサービス

2 価格

価格、組み合わせ

3 流通

販売経路

4 地域

地域

5 販促

広報、広告、集客、販促

6 営業

営業手段、ソリューション

7 理念

理念、事業の定義

社名、教育、ブランドなども
差別化のポイントになる

一方、ピアノのシェアは10％。その中でも、みなさんがピアノと聞いてイメージするグランドピアノは15％しかありません。グランドピアノは全体の１・５％しかない。実態は、**池田〝ちょっとだけ〟ピアノ運送**です。

しかし、**池田社長は社名をそのままにしている**。ピアノを運べる技術を持っていることを印象づけるためです。新規の顧客から同社に依頼が来るのは、ピアノの印象が強いから。社名だけでなく、ホームページを見てもピアノの画像が中心にある。まさにブランディングの勝利です。

池田ピアノ運送の例を紹介しましたが、製品やサービス、教育、ブランドの他にも、差別化ができるポイントはいろいろあります。代表的なものを前ページの表にまとめたので、参考にしてください。

差別化のヒントになる「手軽」「商品」「密着」軸

BtoC、BtoBでも応用できる

差別化を考えるときにヒントになる切り口があります。

「手軽軸」「商品軸」「密着軸」の3つの軸です。

圧倒的ナンバーワンになった企業は、競合が簡単に真似できない差別化ポイントを何かしら持っています。それらのポイントをM・トレーシー、F・ウィアセーマという二人のコンサルタントが分類したところ、およそ3つのパターンに分かれました。

「オペレーショナルエクセレンス」「製品リーダーシップ」「カスタマーインティマシー」です。だが、ランチェスター戦略研修の講師を担当していた猿谷欣也統括本部長が教えていたところ、横文字ばかりだと頭に入らない。それぞれ「手軽軸」「商品軸」「密着軸」と置き換えられるので、本書は日本語でいきます。

手軽軸は、文字通り**お手軽なこと**を差別化のポイントにします。具体的には、**速い、安い、便利**です。

ヘアカット業界なら、駅ビルやショッピングセンターに入っている1000円カットのお店がイメージしやすいでしょう。カットのみで手のかかる髪型にしたい人には向かないが、通勤や買い物のついでにサクッと切れて、値段も気にしなくていい。ヘアカットにこだわりがない人にとっては、手軽であればあるほど魅力的です。

次の商品軸は、**商品のクオリティの高さ**で差別化する切り口です。ダスキンの高品質マットがまさしくそうです。ヘアカット業界なら、カリスマ美容師がいて、芸能人の写真を見せれば、できるだけ似せてくれる店です。そんな腕前を持った店は多くないので、遠方からでもわざわざ予約して駆けつける。付加価値が高く、利益率が比較的いい差別化戦略といえます。

3つ目の密着軸は、**顧客一人ひとりに密着する**ことで競合と差をつける切り口です。ヘアカットなら、昔から通っている近所の散髪屋さんが該当するでしょう。とくに注文をつけなくても、「いつもの髪型にしてください」で通じて、くせ毛などの髪質もわかっているから安心して任せられる。そのまま寝てしまってもオーケーで、昔から自分のことを知っているので個人的な趣味の話で盛り上がります。お客様にとってはもっとも居心地のいい差別化戦略です。

BtoBのビジネスも、同じ切り口で差別化が可能です。部品メーカーで考えると、規格品を大量に生産して、低価格ですぐに提供するのが手軽軸。独自の技術で付加価値の高い部品を開発して提供するのが商品軸。顧客の要望を聞いて受託生産でカスタマイズするのが密着軸といったところでしょうか。

組み合わせればより強力な差別化ポイントに

みなさんのビジネスは、どの軸の差別化が合っているでしょうか。**差別化の軸を一つに限る必要はありません。** スターバックスコーヒーは、他のコーヒーショップに比べてゆっくりとしたつくりで、椅子もふかふかです。居心地がいいから、自分の部屋のようにくつろいで本を読んだり、ノートＰＣを開いている人がいる。これは高付加価値の商品軸による差別化です。

ただ、人気の秘密は空間だけではありません。接客がフランクで、いつもと違う時間に行くと、「今日は早いですね。もうお帰りですか」などと声をかけてくれたりする。マニュアルでみんなに同じ接客をするのではなく、一人ひとりに合わせて接客を変えるのは密着軸と言えます。

<自社の差別化を考えるための3つの軸>

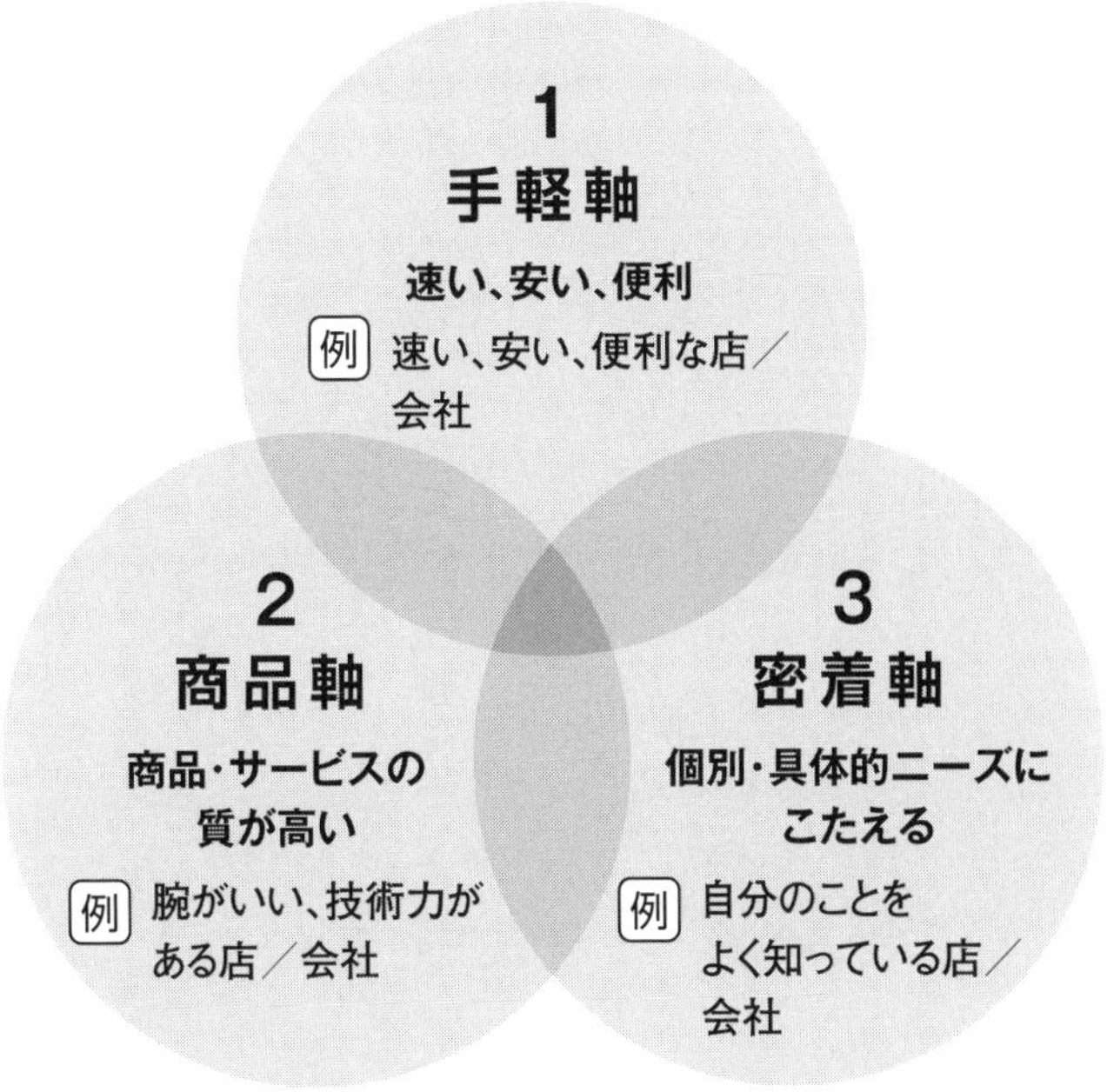
1
手軽軸
速い、安い、便利
例 速い、安い、便利な店／会社
2
商品軸
商品・サービスの質が高い
例 腕がいい、技術力がある店／会社
3
密着軸
個別・具体的ニーズにこたえる
例 自分のことをよく知っている店／会社

1～3を掛け合わせれば
より強力な差別化になる

商品軸も、密着軸も、それだけに限れば強い武器を持っているコーヒーショップはある。しかし、2つを高いレベルで持ち合わせているコーヒーチェーンは他にない。それがスターバックスの強さになっています。

自社のビジネスは、どの軸で差別化すると強力になるのか。

一つの軸で際立たないなら、他にどんな軸と組み合わせるといいのか。

何から差別化すればいいのかわからない社長は、まずそこから考えてみるといいでしょう。

自社の強みは、お客様が知っている

それはお客様に支持される差別化ポイントか

差別化戦略を練るときに注意してほしいことが一つあります。
それはつい自社の絶対評価の視点で考えてしまうことです。

自社がいくら「わが社の強みはここです！」とアピールしたところで、お客様に「それはどうでもいい」と思われたら、効果的な差別化ポイントになりません。**差別化を進めるのは、「うちはすごい」と悦に入る目的ではなく、相対評価で支持され、競合**

に打ち勝ちシェアを取るためです。**いくら競合と違っても、シェアを取る＝市場でお**客様に支持されることにつながらなければ意味がない。

コンサルティング会社が会社を分析するときに行う「ＳＷＯＴ分析」をご存じでしょうか。ＳＷＯＴとは、社内の要因である「強み（Strength）と弱み（Weakness）」、そして外的環境要因である「機会（Opportunity）と脅威（Threat）」の頭文字。これらを掛け合わせて自社が取るべき戦略を導く分析手法です。近頃はビジネス書でも紹介されているから、これで自社を分析した人も多いでしょう。

ＳＷＯＴ分析は便利で使いやすい分析手法だと思います。しかし、教科書通りにそのまま使うのはもったいない。視点が自社側、サプライヤー側であり、お客様側ではないからです。

みなさんが考える「自社の強み」は、じつはお客様にとって普通のことかもしれません。また、みなさんが「自社の弱み」と思っていることが、お客様にとっては魅力的な価値である可能性もあります。

杉並区にある鰻屋の鰻串は、備長炭で焼き上げられた地元の人に愛される絶品です。多くの食通の社長と一緒に行くが、全員、旨い、美味しいと言います。店主本人は不愛想でぶっきらぼうな接客で来店するお客様にほとんど声をかけない。気に入らないお客様の来店時には、空いている席は「予約席です」と追い返す。お店の強みは仕入れです。鰻の多くは機械さばきで、肝やレバーが傷つきやすく、串には向かない。「自社の強み」は仕入れ、「自社の弱み」は席数です。

強みや弱みを決めるのは、結局のところお客様です。その裏づけがなく自分の想像で強みや弱みを決めて分析すると、どんなに便利な分析手法もピントがズレたものになるでしょう。

差別化になりうる自社の強みを知りたければ、お客様の声に耳を傾けることが一番です。

「A社さんのアフターサービス体制〝なら〟安心して購入できる」

「これだけ長持ちする商品は、A社さん〝**しか**〟扱ってないからね」

お客様との会話の中で、このように「なら・しか」が出てきたらチャンスです。**「なら・しか」は、競合が持っていないものを自社が持っているときに出てくる言葉。自社が他に強調したい差別化ポイントがあっても、「なら・しか」がわが社の強みと認識して武器にしたほうがいい。**

お客様からの評価から自社の強みを探って活かす経営は、「なら・しか」経営と呼ばれています。**「奈良の鹿」**なら「SWOT分析」より語呂が良くて覚えやすい。しかもシンプルで、複雑な分析をしなくても本当の自社の強みがわかります。

差別化に悩む社長は、素直に「なら・しか」から入ってみることをおすすめします。

＜自社の強みをつかむには＞

1 SWOT分析を行う

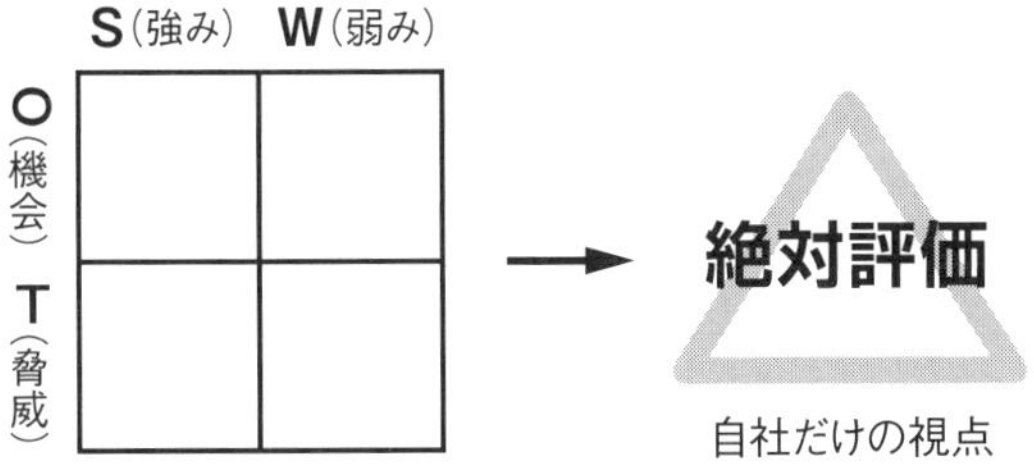

2 お客様へヒアリングする

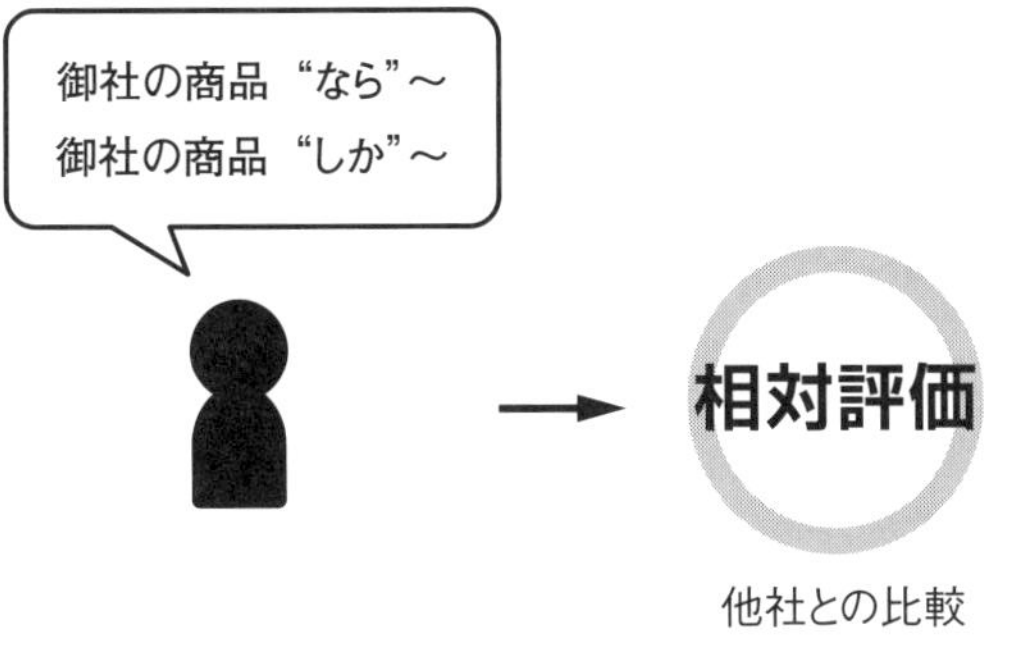

お客様に支持されることが
本当の自社の強み

新規事業こそお客様の声を参考に

お客様の声で売り方を変えて4カ月で売上5倍に

お客様の声を聞いて強みを知った例を一つ紹介しましょう。武蔵野が新規事業として始めたクリーン・リフレ事業（アクト武蔵野。上記ＱＲコード）です。

毎年成長を続けていたわが社ですが、新型コロナウイルスで売上が10％下がりました。私の40数年に及ぶ社長人生の中で、初めての前年割れです。このままではいけないと模索していて気づいたのが、**株式会社アクト**（北海道・内海洋社長）が開発した**「クリーン・リフレ」**（電解無塩型次亜塩素酸水）です。

クリーン・リフレはウイルスや菌を不活化させる効果がある。社会のニーズに応える商材であり、アクトと提携して製造・販売を行う、新規事業に着手しました。

武蔵野はメーカーの機能がなく、これまで製造業を経験したのは社内に私一人しかいない（おしぼり屋は工場がありました）。飛山尚毅本部長をトップにして立ち上げたが、未経験ゆえに最初はトンチンカンなことばかりしていました。

ホームページもまだできていない段階でリスティング広告を打ったり、全国のホテルにＤＭを打ったり。どちらも反応はゼロで、約３００万円がムダに消えました。

しかし、試行錯誤を重ねるうちに売上が積み上がってきた。最初の月は売上１００万円でしたが、**3カ月目には300万円、4カ月目には500万円**。このスピードなら新規事業として悪くありません。

なぜクリーン・リフレが売れ始めたのか。それは**お客様の声を聞いて、売り方を変え続けた**からです。

スタッフ強化にも踏み切った。役員の佐藤義昭を経営サポートから外して担当に。

マーケティングには経営サポートマーケティング事業部の猿谷欣也統括本部長をあてがい、ランチェスター戦略は久保田将敬本部長を担当にして、お客様目線からズレない社内体制を整えた。

　東京・千葉を中心に整骨院チェーンを展開している**株式会社ケイズグループ**（小林博文社長）に導入したら、「アルコール消毒だと手が荒れる。これは水と食塩（99・95％の純度）が原料なので、アルコールに弱いスタッフも使える」と感想をもらいました。その声を聞いて、体にやさしいことを強調することにしました。

　別の飲食店では、「効果が見えないから、信用できない」と疑われました。クリーン・リフレの不活化効果は大学で実証されていますが、目に見えないものは信じられないという感覚は、たしかに正しい。

　大切なのは理屈ではなく、納得できるかどうか。そこで1台10万円する携帯型微生物検査器を15台買って、お客様の店舗のトイレや厨房で菌を探しお客様のスマートフォンで確認をしていただき、クリーン・リフレを散布。15秒後に見せて、菌の活動が止まったことを確認してもらった。時には動画（上記ＱＲコード）で記録していた

〈お好み焼「きん太」（株式会社テイル：京都府など）店内に貼られたクリーン・リフレのパネル〉

だく。

お客様の声を聞くまでは、肌に優しいことや携帯型微生物検査器を揃えることが強みになると考えていなかった。**差別化のタネは、お客様の声の中にある。**お客様の声は、許可を得てポスターやパネルに使用しています。

従業員を守るウイルス対策が差別化として高評価

いまも試行錯誤を続けているクリーン・リフレですが、最近はこれを導入することそのものがお客様にとって差別化につながりました。

ナッツ類を製造販売する**金鶴食品製菓株式会社**（埼玉県）は、法人顧客からの打診に対してサンプルを素早く提供できることが強みでした。ミックスナッツのサンプルをつくるのは数週間かかるのが一般的ですが、金鶴友昇社長はサンプル専用ルームをつくってナッツの種類を揃えて、最短で翌日に提供できる体制を整えた。この差別化で、売上は4年で2倍になっています。

もう十分な武器を持っていますが、金鶴社長は今春からクリーン・リフレを導入しました。

工場は3交代制ですが、交代のたびに噴霧をして従業員を守っています。さらに終業時には工場全体に行き渡るように散布。普段は機械の中まで拭き掃除ができませんが、空中に散布することで中まで除菌できます。

これをお客様に伝えたところ、**「そこまで衛生管理をやっている工場はない」**と高く評価されたそうです。もともとは**従業員の健康を守るために導入したクリーン・リフレですが、差別化の武器としても活躍している。**

<金鶴食品製菓の従業員を守る取り組み>

○3交代制で「クリーン・リフレ」（電解無塩型次亜塩素酸水）を噴霧

○終業後も一晩中噴霧

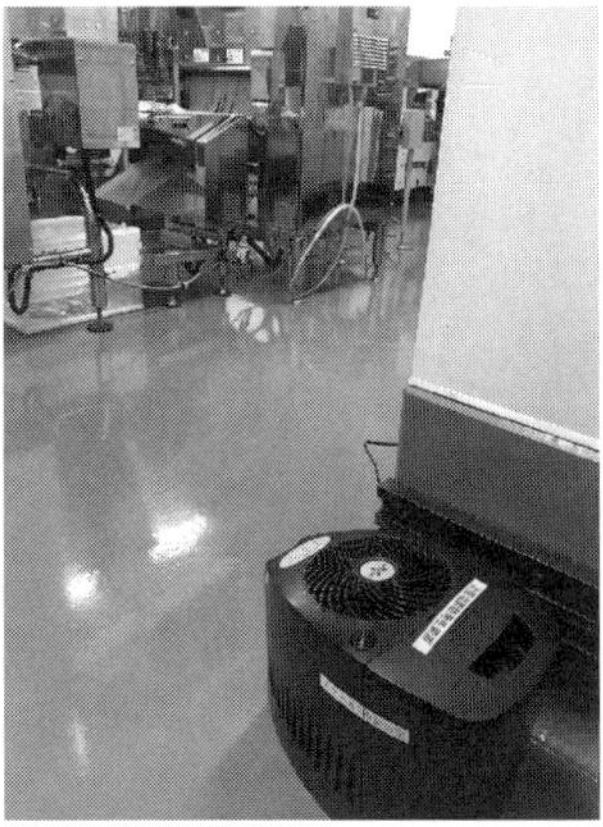

お客様のための取り組みとしても
評価された

鉄砲ではなく弾を売れ

同じお客様に繰り返し何度も買ってもらう

新規事業の話が出たので、ビジネスモデルの転換について、触れておきましょう。

新規開拓中心の営業で組織が疲弊しているなら、ビジネスモデルの転換を考えてもいい。鉄砲を売るビジネスから、弾を売るビジネスにシフトです。

鉄砲は、一丁売ったらそこで終わりです。業績をあげるには、また別の人に新しい鉄砲を売らないといけません。一方、弾は消耗品で、鉄砲を一丁売ればその後も継続して売れます。

＜新規事業で取り組むならどっち？＞

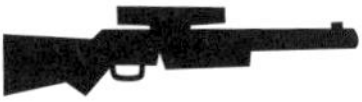

鉄砲ビジネス → 単発型

弾ビジネス → 継続型

	鉄砲ビジネス	弾ビジネス
メリット	単価が高い	同じお客様が繰り返し買う
デメリット	同じお客様が買いにくい	単価が低い

↓

経営が安定するのは
弾ビジネス！

鉄砲ビジネスは常に新規開拓に追われ、
疲弊しがち

一回の売買で終わるのが鉄砲ビジネス、一度契約したら継続的にお金が入るのが弾ビジネスです。

106ページで紹介したアドレスの高尾社長も鉄砲を売るビジネスから弾を売るビジネスに切り替えた一人です。同社はかつて、不動産仲介が事業の100％を占めていました。不動産仲介は仲介するごとに手数料が入るが、基本的には一回ポッキリ。典型的な鉄砲ビジネスで、数をこなさないと収益が上がりません。

もう少し楽に稼げる方法はないかと考えた高尾社長は、**レンタルコンテナ事業**をスタートさせました。レンタルは月極で、一度契約してもらったらお客様が解約するまで毎月決まった売上があがります。まさに弾ビジネスです。

ただ、レンタルコンテナは市場がそれほど大きくない。放っておいても売上があがる弾ビジネスに味をしめた高尾社長が次に目をつけたのは、**貸しビル事業**です。古くなって価格が下がったビルを買い取ってリフォームを施し、こんどはオーナーとしてテナントに貸しています。

仲介業と違い、物件を所有すれば空室がリスクになります。

しかし、**「引っ越し代無料。家賃3カ月タダ」**という破格の条件を出してテナントを呼び込んで、いまのところ空室はほとんどないとか。家賃3カ月無料は大胆な値引きですが、4カ月目以降、継続的に家賃が入るメリットのほうが大きいと判断した施策でした。それくらい弾ビジネスは魅力がある。

高尾社長はこう語ります。

「売買手数料だけでやっていた時代は、売上4000万円でした。当時は仲介しないと現金が入らないから、資金繰りがとにかく大変でした。一方、いまは貸しビル事業が育って**4億9000万円の売上**があります。貸しビル事業で安定した売上があがるので、資金繰りがとても楽になったし、全事業の固定費も貸しビル事業だけで賄えるようになった。かつては生き残るために仲介の数をこなしていましたが、いまはやればやるほど増分利益になる。精神的にずいぶん余裕ができたと思います」

わが社のサービスマスター事業部も、かつて「プラスワン」サービスを必死に売っていました。しかし、プラスワンは単発のサービス。継続的に利益があがるのは、定期のサービスです。あるとき、プラスワンと定期を売ったときの評価を変えて、定期サービスをたくさん売ったほうが営業担当本人の懐が温かくなる仕組みにしました。すると、みんな弾を売るようになって収益が改善した。

弾ビジネスも、新規事業として取り組めば、当然、新規開拓は必要です。しかし、**弾ビジネスは一度つかんだお客様が継続的にお金を支払ってくれる**。つねに新規開拓に追われる鉄砲ビジネスより効率的であることはたしかです。

「お客様の声は営業マンの頭の中」ではダメな理由

定性データを集めると未来が予測できる

差別化の話に戻ります。差別化のタネは、お客様の言葉の中にあるが、普段からお客様の声をきちんと拾っている会社がどれくらいあるでしょうか。

うちの営業担当はお客様の声に真摯に耳を傾けていると胸を張る社長もいるでしょう。しかし、単に耳で聞くことなら子どもでもできる。耳を意図的に塞ぎさえしなければ勝手に音は入ってきます。大切なのは、お客様の声から自社の強みを抽出できるかどうか。それができなければ、本当の意味で耳を傾けているとは言えない。

そこで重要なのが、**お客様の声をデータとして残す仕組み**です。

経営はデータドリブンの時代に入ったと指摘しました。データドリブンで使うのは、売上や訪問回数など数字で計測できる**「定量データ」**です。

お客様の声はデータで数字に落とし込めない。お客様満足度は数値化できるが、何にどのように満足したのか、あるいは逆にどこにどのように不満を抱いたのかといった個別の声は数値化できません。このように量で示せない情報のことを**「定性データ」**と言います。

定量データと定性データの違いは、「過去」と「未来」の違いとも言えます。

数字は、過去の結果です。ですから定量データを穴が開くほど見ても、過去のことしかわかりません。正しく実行されたエビデンスをデジタルで記録し、可視化してデータドリブンで活用します。

一方、定性データが直接示しているのも、過去です。ただ、**定性データには「こうなったから、うれしかった」「これができなかったから、イラッとした」というよう**

なプロセスが含まれていることが多い。プロセスがあるとは、**同じプロセスを踏めば同じ状況が再現される可能性がある。**つまり定性データを読むことで、未来の予測ができるようになる。

地震でいうと、「震度3」が定量データで、「ナマズが騒いだ」が定性データです。震度3の地震が起きたデータを見ても地震を予知することはできません。しかし、ナマズが騒ぎ出せば危険信号で、避難の準備ができる。これが定量データと定性データの違いです。

定性データは可視化され、共有されることで生きてくる

お客様の声は定性データであり、まさに未来につながる差別化のタネが埋まっています。ところが、多くの会社には定性データを記録する仕組みがない。売上は会計ソフトで管理していても、「お客様がこんなことを言っていた」という情報は、営業担当個人の頭の中にあるだけで、組織として管理されていません。

営業担当が頭の中で覚えているなら、まだ救いがあります。人間の頭は、お客様の何気ない一言をずっと覚えていられるほど性能が良くありません。普通なら、その日の仕事が終わり、同僚と居酒屋でお疲れ様の乾杯をした途端に消えてなくなります。

覚えていても、営業担当が属人的に情報を持っていると、組織としての分析ができません。営業担当Aは「自分はここを褒められた」と考え、営業担当Bは「いや、お客様はあれがいいと言った」と考え、それぞれが勝手に自社の強みを想定すると、的外れな差別化戦略になってしまう。

自社の強みを組織で分析するには、**各営業担当の頭の中にある定性データを可視化して組織で共有する仕組み**が必要です。

少し上等な会社になると、営業担当に日報を書かせて記録をします。ただ、多くの場合、日報は報告させることが目的になっていて、書かれた内容を活用することは二の次になっている。過去の日報を引っ張り出して分析して、今後の営業に活かすところまでやっている企業はほとんどないのが実情です。

＜定性データは再現性の高い貴重な情報＞

定量データ

数字（量）で示せるもの。記録しやすい

例 売上、訪問回数

定性データ

数字（量）で示せないもの。記録しづらい
（属人的になりがち）

例 お客様のお褒めの言葉、お叱りの言葉

↓

差別化のヒントがある定性データを
記録して共有する仕組みが必要

自社の強みを共有できれば組織的な
営業が可能になる

武蔵野は専用のソフト（マイページ）を使って営業時の定性データをすべて残しています。それを見れば、**お客様が何を求め、わが社のどんなところを評価してくれているのかが簡単にわかる**。

入力も簡単です。「マイページマップ」を使用すると**お客様にピンが立っており、タッチすると入力画面が表示され、訪問実績が登録できる**。自社の強みを発見して次々に差別化戦略を打てるのも、こうした仕組みがあるからです。

まずは普段からお客機の声に耳を傾けること。そして、聞いた声を営業担当個人の頭の中で眠らせるのではなく、システムで管理して見える化する。ここまでやって初めて「お客様の声を聞いた」と言えます。

ヒアリングもランチェスター戦略で攻める

二人一組で具体的に深く質問していく

差別化のタネはお客様の声の中に埋もれていますが、自発的に「ここがよかった」と自社の強みを教えてくれるお客様ばかりではありません。普段の営業活動でお客様の声を逃さないようにアンテナを張っておくことは大切ですが、同時にこちらから能動的に「どこがよかったですか」とヒアリングしたいところです。

お客様から必要な情報を引き出すときに使えるテクニックを二つ紹介しましょう。

重要なのは、こちら側の人数です。訪問回数を増やすには営業担当が一人ひとり別々に動いたほうがいいが、**ヒアリングを重視するなら二人一組で動いたほうがいい**。そのほうが落ち着いて話ができるからです。

ヒアリングした内容は、その場できちんとメモに取る。お客様の話を聞き、メモを取り、なおかつお客様の話を受け臨機応変に適切な質問をすることは、なかなか骨が折れるものです。やってできないことはありませんが、気持ちに余裕がなくなれば、大切な言葉を聞き逃すおそれがあるし、何よりお客様が「頼りない。任せて大丈夫だろうか」と不安に思う。

一方、複数でヒアリングにあたれば、メモする役、質問する役に分けることができます。また、どちらかがリードして質問・メモを行い、もう一人が適時カバーするやり方もできる。どちらにしても一対一でやるより余裕ができて、質の高いヒアリングができる。

<ヒアリングもランチェスター戦略で>

ポイント 1　**二人一組で行う**

↓

兵力を集中する

ポイント 2　**5W1Hを繰り返して具体的に聞いていく**

↓

狭く深く

Who	誰が	When	いつ
Where	どこで	What	なにを
Why	なぜ	How	どのように

差別化につながる質の高い情報を引き出す

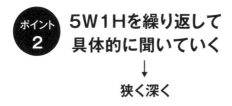

質問の中身も重要です。基本は、できるだけ具体的な答えが返ってくる訊き方をする。お客様の話が具体的であるほど、自社の強みも明確になります。

「今回は、わが社のどのようなところをご評価いただけたのですか」

「A社さんは、対応が早いからね」

このようなやりとりでは不十分です。対応が早いと言われても、見積もりを出すのが早かったのか、納品が早かったのか、はたまたアフターサービスの対応が早かったのか、よくわからない。差別化戦略につなげるためには、さらに突っ込んで**具体的な答えを引き出す**必要があります。

「早かったのは、何でしょう？　納品ですか？」

「納品が早かったのは、他社に比べてどれくらい早かったですか」

このように具体的な質問を重ねていくと、お客様の答えもより具体的になっていきます。その結果、「短納期に対応できるのがわが社の強み」と差別化のタネが見つかっていきます。

社長が営業するから お宝情報を聞き出せる

社長の肩書は門前払いを減らす大きな強み

みなさんの会社で最強の営業マンは誰ですか。

営業歴が長くて独自のネットワークを築いているベテラン社員や、体力を武器にガンガン訪問しまくる若手社員の顔がすぐに思い浮かんだ社長は幸せ者です。今後も彼らが活躍できるように、できるだけのことをしてあげましょう。

だが、冒頭の質問に対する答えとしては間違っています。

社内で最強の営業マンは、社長です。

社員がどれほど頑張っても、社長には敵わない。これは、どの業界、どの規模の会社でも変わらない真実です。

なかには、「自分は営業が苦手。社員に任せたほうがうまくいく」と謙遜する社長もいる。しかし、社員がやったほうが成果が出るのは、社長が営業に真面目に取り組んでいないから。現場の営業担当と同じだけお客様を訪問すれば、間違いなく社長のほうが結果を出せます。

社長の肩書は何より強力です。社員が受付で門前払いを食らう会社でも、社長の肩書があれば第一関門を突破できる確率がグンと高まる。

もちろん社長の肩書が通用せずに追い返されることも多々あります。しかし、社長が門前払いを1回食らったら、その陰で営業担当は20回の門前払いを食らっていると考えたほうがいい。それくらい社長と社員の営業力には差があります。

それなのに、社長がぬけぬけと「営業が苦手」などと言ってはいけない。おそらく「自分より社員のほうが得意」は謙遜から出た言葉ではなく、営業から逃げるための言い訳。本来なら恥ずかしくて言えないはずです。

最強の営業マンである社長が営業に出ないデメリットは、販売機会を失うことだけではありません。

差別化戦略を立てる際に必要な情報収集の面でも大きなチャンスを逃すことになります。また、前章で紹介したＡＢＣ分析をやるには、お客様先での競合の受注量などの情報も欠かせません。社長が営業を嫌えば、それらの情報の入手が遅れたり、足りなくなるおそれがあります。

ランチェスター戦略を迅速に実践したければ、**社長が先頭に立って現場でヒアリングをやる**べきです。

サボる自覚があるなら「見張り」を立てろ

見張り効果で1000万円受注できた元サボり魔社長

株式会社宮島（広島県）の林亮介社長は、まさに「営業は苦手」と臆面もなく言うタイプの社長でした。営業活動は、基本的に社員任せ。自分は会社に閉じこもり、社員があげてきた数字に文句を言うだけの**穴熊社長**でした。

宮島はプラ段容器のメーカーです。本拠地は広島ですが、群馬県で同社の製品を販売していた代理店の経営者がリタイアすることになり、それを引き継ぐ形で2017年に関東事業所を設立しました。関東エリアは代理店方式でしたが、事業所設立を機に直接取引を増やすことを決意。そのためには事業所の営業体制を強化する必要があり、穴熊社長もいよいよ穴から出ざるを得なくなった。

林社長が偉いのは、自分はサボリ魔だと知っていたこと。普通に始めるとすぐに穴に潜ることを自覚していたから、武蔵野の「社長の営業」定着プログラムに申し込んだ。このプログラムの特徴は、**社長に見張りをつける**。営業をサボれば「ノルマを達成していないですよ」と武蔵野の社員から注意されたり、活動内容が小山に報告され私から叱咤激励がある。社長が営業に出ることの重要性は頭で理解しているものの、つい腰が重くなる経営者向けのプログラムです。

林社長に同行したのは、ランチェスター戦略研修で講師を務める久保田將敬本部長です。林社長は、久保田の粘着ぶりについて、こう泣きついてきた。

「久保田さんと一緒にロイヤルカスタマーのヒアリングに回りました。一件終わるたびに、久保田さんは助手席から私に『一言いいですか』とアドバイスをしてくれる。でも、それが一言で終わったためしがない！　もともと広島の人間で関東のお客様の訪問ではナビをセットするけど、久保田さんの話を聞いているうちにナビから逸れて遠回りするハメになったことが何度もあります……」

こうした泣きが入るのは、プログラムがうまく機能している証拠です。私はむしろ久保田をけしかけておきました。

プログラムの最初の半年は、ロイヤルカスタマーへのヒアリングが中心でした。「久保田さんからよく指摘されたのは、**エピソードを引き出せ**でした。『いつも助かっている』と評価していただいたら、『どういう場面で助かりましたか』と畳みかける。それで『休日なのに試作品を持ってきてくれた』とエピソードを引き出せたら、そこが強みになるんだと教えてもらいました」

先ほど、ヒアリングでは具体的な答えが返ってくる訊き方をすることが大事と言いましたが、**エピソードはまさしく具体論**。久保田の指導は正解です。

ヒアリングを繰り返して浮かび上がったのは、4つの強みでした。具体的には「スピーディ&大小ロット対応」「ニーズに即した柔軟な設計力・独自品の開発」「最新のプラ段設備・幅広い製作対応」「コミュニケーション重視のセールス体制」です。それぞれが何を指しているのかは宮島のホームページで確認していただくとして、これらを裏づけるお客様の声は、林社長が訪問したからこそ拾えたものが多い。やはり社長営業は破壊力が抜群です。

「社長の営業」定着プログラムは、ヒアリングだけでなく実際の営業もフォローします。1年目は訪問回数が年間230件でしたが、前半はヒアリングに費やしたため、契約は1件3万円のみ。2年目はサボって訪問件数が半減して、契約は3件22万円と伸び悩みました。しかし3年目の2019年度は、**訪問件数244件で契約は5件869万円**に。20年度は**社長の営業だけで契約額1000万円を超える**見込みです。

いまはまだ林社長がランチェスター戦略を体で覚えている段階です。成果がしっかり出るようになり、今後はそれを会社に横展開するフェーズに入る。林社長が取り組んでいることが組織的にできるようになれば、さらにインパクトのある成果が期待できます。

客先ではライバルを褒め殺しする

営業経験ゼロ社長が7カ月で3110万円を受注

穴熊だった社長が奮闘している例を他にもご紹介しましょう。

朝日産業株式会社（北海道）の廣岡延博社長は、お客様訪問をまったくしたことがなく、営業はほぼ未経験。同社は建築やリフォーム、不動産売買・仲介などを手がけていますが、2017年、最初にわが社の井之上祐一顧問が廣岡社長の営業に同行したときは、あまりにも小さな声で「ごにょごにょ」と話すため、訪問先の受付で「保険の営業はお断りしています」と言われたほどです。

テクニックは練習で上達するし、度胸も場数を踏むことでついてくる。最初はたどたどしかったトークも、定期訪問を重ねるうちに板についてきました。

実際、ヒアリングも上手になりました。差別化のためには競合の情報が必要ですが、「A社とお取引があるようですが、何かご不満な点はありませんか」と聞いても普通は話してくれません。ライバルのアラさがしをするトークに同調するのは、告げ口しているようで気が引けるからです。

そこで廣岡社長は逆に**「A社さんってすごいですよね」**と持ち上げるようにした。すると、お客様は「いや、じつはそうでもないんだよ」と不満点を教えてくれるようになりました。一緒になって悪口を言うのは倫理的にアウトですが、真実を知らない人に本当のことを教えてあげるのは正義の行動。そんな人間心理を巧みに突いたテクニックです。

初受注は、社長営業を始めて1年半後の2019年7月でした。定期訪問している会社から「トイレが臭う」と携帯電話に連絡があり、施工の担当者をすぐに派遣。亀裂が入った便槽の補修だけの小さな案件でしたが、廣岡社長が自力で受注した初めての案件になりました。

初受注まで時間がかかり、額も5万円と小さかったが、この案件は大きな意味があったといいます。

「トイレが臭うのは、お客様にとって一刻を争う緊急事態です。いつもの修繕会社に連絡しても2週間音沙汰がなかった。『連絡して翌日には修繕が終わっていて、本当に助かった』と言われたときに、わが社の強みはスピーディーな対応にあると気づきました」

差別化のポイントが明確になり、営業のスキル自体も上がっていた廣岡社長は、そこから次々に案件を受注します。初受注から20年2月までの7カ月間で、7件で計**3110万円**です。初受注までは生みの苦しみでしたが、壁を越えてからは順調そのものです。

急に受注できるようになった背景には、営業スタイルの変化もあるでしょう。

以前は典型的な御用聞き営業だったが、お客様の施設や建物を総点検してリフォームや修繕のプランを提案する**提案営業**を採用。その結果、「この際だから、ぜんぶまとめてやっちゃって」というお客様もいて大型案件化した。

提案プランは「松・竹・梅」を用意する

提案にあたっては、私からも注文をつけました。当初は提案するプランが一つだけでしたが、**複数のプランを提示してお客様に選んでもらうと満足度が高まります**。

また、「松・竹・梅」と並んでいたら、価格にうるさいお客様も「安かろう悪かろうでは困る。標準的なものにしよう」と考えて竹を選ぶ。そこで複数のプランと見積もりを出すよう指導したところ、案の定、真ん中を選ぶお客様が多かった。これは他の業種でも使える手法です。参考にしてください。

廣岡社長は自分で営業をするようになって、「狭く深く」の重要性を肌で感じるようになったといいます。

「朝日産業の営業エリアは、千歳市と岩見沢市です。北海道は面積が大きく、市といっても本州なら県と同じ広さがあります。2県分のエリアをぐるぐる回るのは、さすがに効率が悪い。自分で車を走らせてそのことがよくわかり、最近は営業活動を岩見沢エリアに集中させています」

エリアに対する感覚は、穴熊社長のままだとつかめません。社長が現場に出て、正しい戦略を導ける。

強者の差別化戦略をパクッて足下の敵を叩く

ライバルの武器をマネて1億8300万円を受注

続いては、住宅の新築・リフォームを手がける**株式会社ミヤワキ建設**（富山県）の宮脇友基専務です。

宮脇専務は典型的な二代目のお坊ちゃんタイプ。営業活動で汗をかく仕事は後回しで、暇さえあれば海に出かけて釣りばかりしています。会社に閉じこもる社長は穴熊社長ですが、宮脇専務は海で**「ウツボ専務」**ですね。

それでも自分を変えようと、宮脇専務は自ら「社長の営業」定着プログラムに参加しました。最初は、同社で家を建てたお客様へのヒアリングです。住宅は、新築で建てたあとも十数年後にはリフォームのニーズがある。既存客との継続的なコミュニケーションが必要ですが、宮脇専務はまったく訪問していなかった。当然、自社の何が評価されているのかも把握していませんでした。

同時に新規営業も増やしました。新築住宅の営業は、見学会を開いて、来場した見込み客に営業をかけていくのがセオリーです。宮脇専務のアプローチは月5～10件程度。どう考えても量が少なすぎます。

宮脇専務に久保田將敬本部長は、目標訪問件数を月250件に設定しました。**プログラム前と比べて20倍以上**です。

「最初は嫌々でしたよ。でも、やっていくうちにお客様の声が聴けるようになって、自分の成長を感じました。とにかく社内にいるのをやめたことが大きかったですね。サボりたいときも、外に出てコンビニのイートインで居眠りです。長居はできないから、結局、『仕方ない、お客様のところに行くか』となる」

そうやって訪問を増やしていくうちに、あることに気づきました。ミヤワキ建設のアピールポイントは、間取りの柔軟性や、省エネ住宅で出る補助金の情報でした。

一方、ある競合の建設会社は、夜はどの道が暗くて危険だとか、近隣にはこういう人が住んでいるとか、独自に調査した地域のレポートをお客様に渡していました。間取りの柔軟性や補助金はどの会社に頼んでもほぼ同じで、差別化になりません。それに対して競合の地域レポートは他のどこもやっていない情報提供であり、競合にとって強力な差別化の武器になっていた。

衝撃を受けた宮脇専務は、**競合のマネをして地域レポートをつくって自社の武器として活用を始めました**。見込みの客の反応は良く、契約がコンスタントに取れるようになりました。プログラム導入後、18年8月から翌19年3月までに8件、**約1億8300万円の受注**です。

頭のいい読者は、ここで疑問を抱くかもしれません。

他社の戦略をマネるのは、差別化戦略ではなく、ミート戦略です。そしてミート戦略は、本来、強者が取るべき戦略です。弱者のミヤワキ建設が他社のマネで契約が取れるのはおかしいじゃないか。いままで言ってきたことは嘘か、というわけです。

しかし、よく考えてください。**市場にいるのは強者だけではありません。強者の他に、自社より下の弱者もいます。**

このとき強者と同じことができれば、**自社と同等以下の競合に対しては差別化になる。**一対一のときに強者のマネをするのは自滅行為ですが、住宅業界のように多数の弱者がいる市場では、強者をマネることが強力な武器になる。

強者に挑むのは、そうやって弱者を減らしてシェアを伸ばして、体力をつけてからでも遅くはない。ランチェスター戦略では、このように下位の敵を攻撃してから上位に挑むことを**「足下の敵」攻撃の原則**と呼んでいます。

ミヤワキ建設が行ったミート戦略も、足下の敵を攻撃する際には効果的であり、だから実際に契約が取れている。

もちろんそのままでは、いずれ強者と戦うときに通用しなくなります。強者に対してはどこかで差別化の要素を入れる必要があります。

他社が失敗した戦略を改良して武器にする

宮脇専務は競合のうまくいっている戦略をパクりましたが、**失敗した戦略に改良を加えて取り入れる**やり方もあります。

私が感心したのは、ラスベガスのホテル「ザ・ベネチアン」のパクリです。

ラスベガスに、エジプトをモチーフにした巨大ホテル「ルクソール」があります。ある年のラスベガス研修でルクソールに泊ったら、1階の通路が水路になり、客室までゴンドラで案内されました。お客を驚かせることについてはお金に糸目をつけない、ラスベガスらしい仕掛けです。

だが目新しいのは最初だけでした。たしかに優雅でゴージャスですが、移動に時間がかかって不便です。案の定、しばらくのちに水路はなくなり、普通のカーペット敷きに改装されました。

驚いたのは、**ベニスをモチーフにした「ザ・ベネチアン」で水路が取り入れられていた**こと。イタリアのベネチアは運河が張り巡らされている水の都で、水路がある風景は不自然ではありません。ただ、船で移動する面倒さは、ルクソールが実証済みです。普通に考えれば、また失敗するに決まっています。

では、ザ・ベネチアンはなぜ失敗した施策をマネしたのか。じつは**ザ・ベネチアンが水路を導入したのは、宿泊客が移動する通路ではなく、高級店が並ぶ2階のショッピングエリアでした**。約400メートルもある大運河の両脇には、高級感あふれるショップやレストランが軒を連ね、ベネチアの街を感じられる記念写真スポットが満載。

ゴンドラの所要時間は約11分30秒。当初は8分くらいでした。水路に橋をかけ、一艘《そう》でないとすれ違えないようにしたり、ペダルを踏むとスクリューが回ったりなど、随所に工夫が凝らされている。キャストの「オーソレミオ」「サンタルチア」の歌唱によって、お客様は大満足です。

ライバルの差別化戦略を改良して武器にした「ザ・ベネチアン」

◯ベニスの街を感じられるホテル内の水路は撮影スポットとして人気!

マネは最高の創造になる

「ザ・ベネチアン」はライバルの失敗を見て、改良を加えたうえで自分の差別化ポイントへと転換させました。じつにしたたかな戦略で、数多くのホテルが鎬《しのぎ》を削るラスベガスの底力を見た思いがしました。

競合が失敗した策を下敷きにして、独自性を加えて差別化する戦略は、一般のビジネスでもよく見られます。

差別化は、オリジナルで新しいことをやらなくてはいけないと考えがちですが、**オリジナルにこだわる必要はまったくありません。既存のものに手を加えて違いを出すだけでも、立派な差別化になります**。

競合のうまくいった戦略を取り入れるにしても、逆に失敗した戦略に手を加えて自分のものにするのも、大切なのは**競合の動きに目を配る**ことです。そのためには社長自らが現場に出て情報収集する必要がある。社長室にこもったままでは、パクリも改良もできないことを肝に銘じてください。

現場見学会は、最高の差別化ツール

現場が営業トークの「証拠」になる

穴熊社長の話が続いたので、次はしゃべりすぎる社長の話をしましょう。すでに登場した阪神佐藤興産の佐藤社長です。

佐藤社長は初対面の人と話すことが苦にならないタイプです。ただ、営業の現場ではそれが悪いほうに出ていた。気分が乗ると、お客様の話を聞かずに自分の会社のアピールに没頭してしまう。**一方的に話せばヒアリングにならないし、何より聞いているお客様が疲れます**。坂本竜之介課長を見張りにつけて、口より耳と頭を動かすように矯正しました。

お客様の声に耳を傾けて、何がわかったか。「施工の現場を見たい」ニーズです。建設会社は完成した建物をアピールするが、完成後、壁の中や床の下がどうなっているのかわからない。阪神佐藤興産が施工するのは外壁塗装の修繕ですが、途中経過がよくわからないのは修繕工事も同じです。信頼できる会社か見極めるために、施工中の現場を見たい。

そこで佐藤社長は、そのころ**社内で一番大きな案件だった神戸の大型老人ホームで現場見学会を開いて、お客様を招きました**。大きな現場は、大きな案件を引き受けられる面で会社の信用力につながります。また同社は環境整備をしっかりやっているから、施工中だと思えないくらいに**現場が整理整頓されている**。

まさしく百聞は一見に如かず。佐藤社長のトークを半信半疑で聞いていたお客様も、きちんと管理された現場を見て評価してくれました。それ以来、同社は現場見学会を差別化の武器として活用しています。

工場のショールーム化でコロナ禍でも新規顧客が増加

現場見学会を差別化ツールにしている会社は他にもあります。自動車設備部品を中心に金属加工を行う**スチールテック株式会社**（愛知県）です。

出口弘親社長がお客様を訪問してヒアリングする中で浮かび上がってきた強みは、レーザー加工、ガス溶断、機械加工を内製化して一貫生産できることでした。どれか一つだけという金属加工会社が多いが、同社は材料切断から機械加工まで一貫して請け負える。お客様から見ると、いままで別々の会社に頼んでいた工程を一社でできるから便利です。

問題は、その強みが知られていないことでした。営業に行けばチラシを見せて説明するが、**言葉で説明するより目で見てもらったほうが早い**。そこで出口社長は**「すごい工場」現場見学会**を毎月開催することにしました。

お客様がまず驚くのはきれいさです。金属加工工場は削りカスなどのゴミが落ちている状態が普通ですが、同社は環境整備を導入して床がピカピカ。これだけでお客様は「この会社はただものではない」とわかる。工場を見せたあとは、ＩＴ化による業務改革などの取り組みも説明します。その結果、内製で一貫生産ができる強みだけでなく、いいかげんな仕事をする組織ではないことも伝わり、お客様は満足する。

スチールテックは９期連続増収でした。ところが、米中貿易摩擦の影響をもろに受けて、２０１９年３月から前年同月比割れが続いていた。そのままズルズルいきそうなところを支えたのが現場見学会です。出口社長は現場見学会の威力をこう語ります。

「**現場見学会にいらしたお客様の８割が、何かしらの取引を始められます**。それで新規のお客様をコンスタントに獲得できました」

２０１９年３月には『すごい工場』（あさ出版）が出版され、上場会社をはじめ日本全国から声がかかり、現場見学会の参加は数カ月待ちと嬉しい悲鳴をあげている。

「**コロナ禍の20年3月は逆に4％のプラス、4月も19％のプラスに**なりました。いま新規の割合は35％あります。社長の営業とランチェスター戦略、そして現場見学会が

＜「現場」は最高の差別化手段＞

○外国人スタッフも元気よく挨拶（スチールテック）

○環境整備で工場なのにピカピカ（NISSYO）

見学者受け入れはスタッフの
モチベーションアップにもなる

なければ新規はもっと少なかったはず。やっておいてよかったとつくづく思います」

東京都羽村市にある株式会社**NISSYO**（久保寛一社長）の現地見学会は、お客様はもちろん、**金融機関からの評価も高い**。同社はトランス・電源装置などを設計・製造する町工場だが、環境整備が行き届き、スタッフが明るく働く現場は、見学者に大きなインパクトを与える。「製造業とは思えない。サービス業を超えるサービスを実施していると、工場に足を踏み入れたときから感じる」と銀行の担当者が驚くレベルです。頭取がお見えになったこともある。

13億円の借入で、無担保・無保証は8億円、工場購入時の5億円は個人保証なし。現場が最高の担保です。詳細は『ありえない！町工場』（あさ出版）を読んでください。

工場や倉庫、オフィスは、自分たちが働く場所であるだけでなく、お客様に向けては**最高のショールーム**になります。これを差別化のツールとして使わないのはもったいない。武蔵野も現地見学会は実施しています。見せられるレベルにある会社は、ぜひオープンにして他社と違うところを示すといい。

値下げは差別化戦略として正しいか？

使い方しだいでは強力な武器になる

自社の強みを探ってなかなか見つからないとき、思わず飛びつきたくなる差別化戦略があります。**値引き**です。

製品やサービスに差がなくても、値段を安くすれば他社との違いを打ち出せる。とくにコモディティ化（最初は高付加価値だったが、普及が進んで一般的な商品になってしまうこと）した商品を扱ったり、下請け構造で弱者がひしめいている業界にいると、値引きは魅力的な手段に映る。

値引きをすると利益率は下がります。よって、ビジネスの教科書に「値引きは厳禁」と書いてあるものも多い。かくいう私も過去の著書で「値引きはするな」と書いていて、経営サポート会員にそのように指導しています。

では、値下げして他社に差をつけるのは間違いでしょうか。

答えはノーです。

世の中に、つねに正しいはありません。値下げはダメも、その一つ。**時と場合によって、値下げは強者を追い落とす効果的な武器になります**。

愛知県名古屋市にある**株式会社フタバ化学**を訪問したときの話です。工場がやけにスカスカで志水大輔社長に理由を聞いたら、ナンバーワンの顧客を逃してしまった、と。続いて倉庫を覗くと、行き先を失った商品が山積みになっている。かなりマズイ状況です。

そこで私が出した指示は、**「見込みのお客様にタダで商品を配ってきなさい」**でした。唯一の条件は、無料期間は1カ月限定。もともと品質に差のない商品で、お客様から見ると1カ月無料は商品を切り替える十分な理由になる。

さらに**お客様が使用している他社の商品とその在庫も新品として計算し、お客様が購入した価格で引き取ってくるように指示**したら、志水社長は目を丸くしていた。生きるか死ぬかの瀬戸際で、イヤイヤながら仕方がなく、実行するしか方法はありませんでした。

結果、多くのお客様がフタバ化学の製品を使うようになり、市場から他社の製品が一時的に消えました。

1カ月後、無料を止めて競合と同じ値段に戻した。お客様は切り替える理由がとくにないので、**無料期間と同じように注文が来ました**。その後も注文が継続したので、1カ月無料で損した額は数カ月で回収できた。

この大胆な作戦が成功したのは、フタバ化学が無借金経営ではなく、実質無借金経営で月商の5倍の現金を保有していたから。会社経営は儲けるより、潰れない経営が大切です。

これはかなり極端なケースですが、**一時的に値引きをしてライバルを蹴落として、その後、元に戻すやり方も差別化の一つ**。

頭から「値引きはダメ」と決めつける必要はない。要は使い方しだいです。

ただし、取り扱いには十分な注意が必要です。やり方を間違えると自社の体力が削られて危ない。期限を決めておくことは絶対に必要です。また、競合も値引きを始めて値引き合戦になる状況ならやめたほうがいい。やるなら、他社が追随できない水準にして一発で決めてください。

第4章

強い営業組織をつくる

社長頼みの営業では成長が止まる

社長本来の仕事は決定

社長が営業をしないで社長室に閉じこもっている会社と、社長が積極的に営業に出て契約を取る会社、業績が良くなるのはどちらだと思いますか。

前章を読んだ方は、「穴熊社長はけしからん。社長自ら営業をやるべきだ」と考えるでしょう。たしかにその通り。社長だから会える相手がいたり、聞ける話がありま す。最強の営業マンである社長を使わなければ、会社の戦力は大きくダウンする。

しかし、**営業で社長が大活躍する会社も注意が必要です**。

いくら社長が頑張っても、**一人でできることには限界があります**。また、社長の本来の仕事は、決めること。現場を飛び回ってばかりで、方針を決める大事な仕事がおろそかになれば本末転倒です。

社長が営業をしないもダメ、営業が社長頼みになっているのもダメ。どちらにしても極端になれば、会社の成長が止まります。

唯一の解決策は、**社長が現場に出て身につけた知見やノウハウを社員と共有して、組織的な営業を行う**ことです。組織で営業ができれば、攻撃量を増やして競合からシェアを奪うことも容易になります。

読者の中には、「そもそもうちには営業部がない」と嘆く社長もいるでしょう。しかし、**ないならば、つくればいい**。簡単な理屈です。

新設した二人営業部で粗利135%アップの訳

丸栄運輸機工株式会社（富山県）の高木裕社長は、ゼロから営業組織を立ち上げました。同社はもともと輸送を行う会社でした。そこから電車の車両やコンビナートのオイルタンクなど、普通の運び方では運べない重量物・生産設備の移動・据付、倉庫、機械設計・製作の4事業を展開。高木社長は三代目にあたります。

かつての営業体制はどうだったのか。重量物の運送はニッチな市場で、発注する顧客、受注する業者がともに限られています。プレイヤーが少なく関係性が築けると、放っておいても注文がある程度来ます。丸栄運輸機工はそれに甘えて、営業部を置かなかった。営業を兼ねた現場社員の訪問は、既存客から依頼が来てから。あとは高木社長がトップ営業をぼちぼちやる程度で、全体としてはほぼ受け身でした。

それでやっていけるうちはよかったが、環境が徐々に変わり始めます。高木社長は3年前の状況をこう振り返ります。

「景気が回復して、製造業の設備投資が増えてきました。わが社にとってチャンスでしたが、それは競合も同じ。大手レッカー会社は機工部を独立させて新会社を立ち上げて、体制を強化してきました。また、お客様の担当者が世代交代して、以前より関係性が薄くなった。そういったところに競合に入り込まれて、シェアが落ちました」

巻き返しを図るため、高木社長は営業部をつくってランチェスター戦略を導入することを決めました。**営業部員は2名**です。

まず既存客へのヒアリングで自社の強みを把握して、差別化のポイントを決定。ABC分析で重点的に訪問する顧客を決め、それらの顧客を効率的に回れるコースを作成して、全39コースを2名で回る活動を始めました。

その結果、訪問回数は劇的に増えました。始める前は、受け身だから訪問回数はゼロです。営業組織をつくった2017年の下期は**591件**で、約2年後の2019年上期は**2453件**に。人数は引き続き2名で、一人当たりの攻撃量が約4倍になった計算です。攻撃量が増えれば結果はついてきます。粗利益は約2年間で、**135%の増加**でした。

うまくいったポイントは、**社長や現場の社員の同行**です。

新しい営業組織は壁にぶつかることが多いが、社長が同行すればその壁を乗り越えやすくなる。

また、現場の社員と一緒に回れば、営業は「現場はこういうところを気にするのか」、現場は「お客様はこういうことを求めているのか」と、お互いにいい教育になります。

社長や現場の同行で、複数サービスの受注が増えたことも大きい。

丸栄運輸機工は機械設備の据付だけやっていると思っていたお客様が、社長や現場の社員が同行することによって、機械の設計・製作・メンテナンスや輸送、倉庫の対応もできることを認知していただき、複数サービスのご利用が広がりました。また、新規のお客様開拓を社員が積極的に行い、受注につなげたことも大きかった。

お客様のご要望に対応していくうちに、大手メーカーの工場のラインに機械を納入するほどの実力を身につけています。ひょっとすると、丸栄運輸機工は将来、運送会社ではなくメーカーになるのではという勢いです。

営業部員二人の営業組織（現在は三人）は、中小企業としても小さな部類に入ります。しかし、この規模でも、会社の将来を変えてしまう大きなインパクトを残すことができた。社長一人で奮闘しても、会社は伸びません。社長の意を汲んだ営業組織が活躍することで、会社は次のステージに行けます。

ランチェスター戦略を営業組織の共通言語にする

勘と経験頼みから科学的な方法にスイッチして営業組織が蘇った

営業組織がない会社は早急に組織づくりに取り掛かるべきですが、すでに営業組織がある会社も安心はできません。

営業組織をつくるだけなら誰でもできるが、**営業組織が機能するかは、また別の話**です。社員を異動させ「営業課長」の肩書をつければ終わりという単純な話ではない。

営業組織をつくり人を配置したのに、なぜ成果が出ないのか――。

そうした悩みを抱えてモヤモヤしていたのが、環境サービスを提供する**株式会社三井開発**（広島県）の三井隆司社長です。

同社は環境分析や水処理施設のメンテナンス、廃棄物処理など、それぞれの事業に営業部を置いています。ところが、月末に結果報告を聞くと、目標を達成していないことがしばしば。三井社長自身は若いころバリバリの営業マンとして鳴らしていただけに、結果が出ないことが不思議でなりません。営業会議では、「なんでや。行けば取れるじゃろ！」と広島弁で声を荒げたくなることもあったそうです。

相談を受けて、私は三井社長を叱った。ビジネスは結果がすべてです。ただ、社員に結果を問うなら、まず成果が出るやり方を社員に教えたり、成果が出る環境を整えないといけない。それ抜きに、最後に出てきて「結果を出せ」と問うのは酷でしょう。

組織があり人も揃っているのだから、足りないのは教育です。**精神論で「売ってこい」ではなく、「科学的な営業手法」を教えて実践させる**。結果が出ないのは、それを怠った三井社長の落ち度です。

三井社長は感度がいい。そのようにアドバイスをしたところ、「科学的な営業って何ですか」「自分は勘と経験でやってきたからわからない」と食いついてきた。三井社長は「社長の営業」定着プログラムでランチェスター戦略を学び、続いて組織導入を図ることになりました。

ランチェスター戦略に取り組んだときの一番の驚きは、「お客様を誤解していたこと」（三井社長）と言います。

「自分ではAランクだと思っていたお客様が本当はCランクだったり、逆にCランクだと思っていたお客様がすごくニーズを持っていたり。お客様単体だと小さな会社ですが、グループが別の場所に工場を持っていて、そちらで大きな案件を受注できたケースもありました。**これまでの勘と経験に頼った営業ではお客様のことを正しく理解できず、それがムダや取りこぼしにつながっていた。**ランチェスター戦略を導入して、そのことを痛感させられましたね」

ランチェスター戦略に組織で取り組んだ結果、各事業部で攻撃量が増え、同時に効率的な営業ができるようになりました。

効果は事業部内に留まりません。注目したいのは、**事業部間での情報共有**です。「環境分析事業の水質検査の仕事から入ったものの、お客様の困りごとを聞いていくと、配管のメンテナンスで困っているという情報を入手できます。配管のメンテナンスはわが社も手掛けていますが、従来は各事業部の営業がバラバラで、情報を伝えてもうまく活かせないことがほとんどでした。いまは各事業部にランチェスター戦略が導入されて、どの事業部も同じレベルで話ができます。**ランチェスター戦略が社内の共通言語になっています**」

これはとても大切な指摘です。**科学的な営業手法は、その手法自体が効果的であるだけでなく、どこでも再現できることが大きなメリットです**。道具を揃えれば、心も揃って、社員が同じ方向を向くようになります。そのとき発揮される力は、優秀な営業担当が個人商店で好き勝手に営業をやるより、ずっと強い。

三井開発は今期過去最高売上を達成。同社が絶好調なのも、ランチェスター戦略を導入して既存の営業組織を蘇らせたからです。

女性営業が活躍する

女性営業に自分の娘を重ね合わせた社長たち

かつて営業の世界で求められた能力は、体力と精神力でした。営業の結果を左右するのは攻撃量です。攻撃量が多いのは、残業をいとわずに遅くまで外回りを続けられる体力と、お客様に断られても下を向かずに次に行ける精神力を兼ね備えた営業担当でした。ですから昔は体育会で鍛えられた社員がいい成績をあげた。

しかし、時代が変わりました。攻撃量が重要であることは変わりませんが、「契約が取れるまで帰ってくるな」と長時間労働をさせたり、結果が出ない人のメンタルを追い込んで奮起させるやり方はご法度です。体力や精神力に物を言わせるのではなく、効率的な営業活動をして、短い時間に多く訪問できる人が活躍します。

営業において、もはや体力はたいした問題ではありません（もちろん、あるに越したことはない）。お客様に断られることが多いためメンタルが弱すぎるのは問題ですが、たいていは断られるうちに慣れて平気になる。その意味では精神力も人並みであれば大丈夫です。

営業担当に求められるものが変わると、**これまで営業に向いていないとされてきた社員にもチャンスが広がります**。

その代表は**女性社員**でしょう。女性社員は体力で男性社員に劣る面があるが、いまは営業で体力を問われる場面が減って、女性も男性と同じように活躍できる。

それどころか、女性であることが有利に働く場面も目立ちます。

経営サポート事業本部では、これまでお客様からの受注は男性営業担当の仕事だった。あるとき、セミナーを運営する部署も営業をしようとキャンペーンを行ったが、そこで2カ月で**230万円**を受注し、成績優秀者として表彰されたのが、現在マーケティング事業部の保科ひかりです。

保科は、運営のスタッフたちと連携しながら巧みに営業をかけていった。合宿形式の経営計画作成セミナーでは、お客様は基本的に3日間会場にいるため、最初に保科が声をかけて提案をして、しばらくしたら、また違う若い女性のスタッフが声をかける。こうしたことを繰り返していくうちに、根負けしてしまう。

なにより経営サポートのお客様の多くは、男性の社長です。自分の娘くらいの女性が可愛い声で「私、バカなんですけど……」と言って提案してきたら、その瞬間、**頭が経営者から父親に切り替わって、けなげに頑張る保科に娘の面影を重ねてしまう**。そしてついサインをしてしまいます。

キャンペーンを素直にアピールして、提案したこともプラスに働きました。「保科さんの数字になるならここで申し込んであげる」と言った社長もいたとか。「優しい方ばかりでした」と保科は話すが、女性が男性に営業をかけたことで、プラスに働いたことは間違いない。

〈 若い女性営業がアプローチすると、男性経営者は自分の娘の面影を重ねて優しくなる 〉

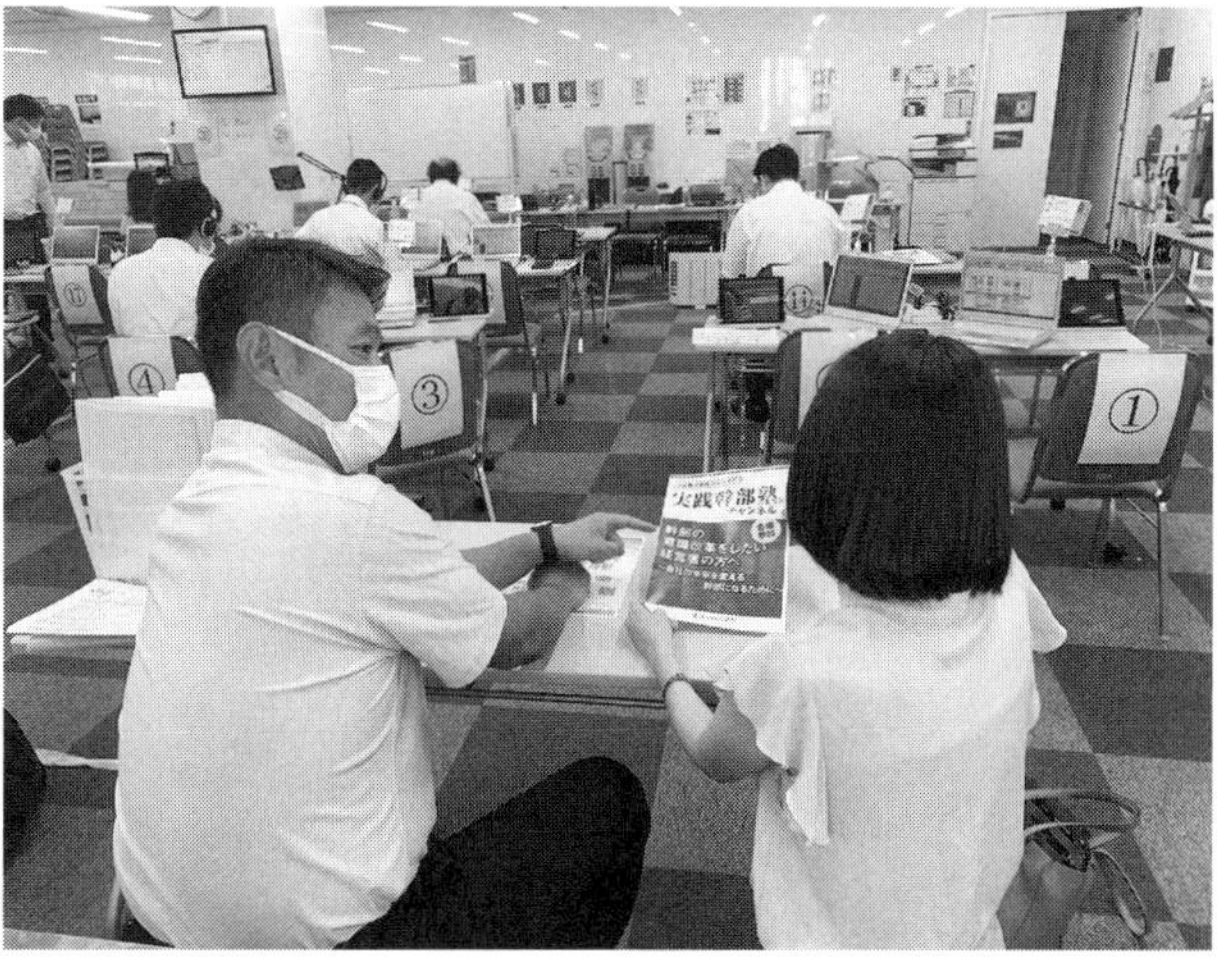

人間の心理を無視して
成果の出る営業はできない

人間は同性に厳しく、異性に甘い

158ページでご紹介したゴム製や樹脂製の工業資材を扱うキンキの営業部も、かつては男性社員ばかりでした。しかし、営業部に女性が2名加わったことで、お客様の反応が明らかに変わった。

まず女性が入る前の状態から説明しましょう。キンキの顧客に、滋賀県に工場を持つ自動車メーカーがあります。男性の営業担当二人が、キンキに営業の指導をしていた久保田將敬本部長が同行のもと、事前にアポを取って滋賀工場に営業に行きました。同社の本社がある京都から車で片道1時間。男性営業担当は購買部の方とお話をした後、そのまま帰ろうとした。

そこに待ったをかけたのが久保田です。

「往復2時間かけて、1人と話しただけで帰るんですか。そこにお客様の社内の内線番号が貼ってあるから、関係部署にアプローチしてみましょう。社外から連絡するより、ずっと会ってもらいやすいですよ」

そう言って、その場で設計や生産技術の部門に対して電話をかけさせた。

この作戦は正しい。調達・購買部門は、安く買い叩く仕事が多い。付加価値よりコスト重視のため、商談はどうしても価格交渉がメインになります。しかし、商品を直接使う部門（自動車メーカーなら設計部門や生産技術部門）なら、コストよりも品質や使い勝手に重きを置いてくれる。そこで根回しをし、内諾を得てから、購買部門に「設計のA課長が、ぜひうちの商品を使いたいと言っていました」と再アプローチすれば、難攻不落の購買部門も落ちやすい。攻め口は真正面の一つとは限りません。

残念ながらこのときは撃沈しました。内線表を見てローラー作戦をかけたものの、ほとんど会えなかった。

会社に戻った後、久保田は長谷川社長に女性社員を営業部に入れるように進言。「滋賀工場で他社の営業とたくさんすれ違ったが、**女性は一人もいなかった**。攻め方を変えてもいいのでは」が久保田の言い分です。

次の訪問時、同じように関係部署に向けてローラー作戦を敢行しました。電話したのは新しく入った女性社員です。

「お隣のシャーシのグループ長のA様にお世話になってますキンキの稲元です。A様に、こちらにもお電話してみたらと言われまして。いま敷地内にいますので、ご挨拶だけさせていただくわけにいかないでしょうか」

前回も同じようにアプローチしたがダメだったが、**このときは反応が違って何人かのキーパーソンに会えた**。

書き方が難しいが、人間は同性に厳しい生き物です。

逆に言うと、男性のお客様は女性社員に甘く、女性のお客様は男性社員に甘い。とくにオジサン世代は家で娘に冷たくあしらわれているから、娘世代から頼られると弱い。このとき反応が良かったのも、女性社員が我が娘に重なったのかもしれません。

武蔵野の保科のケースと同じです。

キンキの社内では、女性社員の営業への配属に反対意見があった。悪しき偏見で、

「小娘に何がわかるのか」です。

配属されたのは新卒2年目で、素人同然の女性社員でした。だが、オジサン世代のお客様は怒るどころか、**「いいんだよ。やる気さえあれば」**と言って、図面を開いて懇切丁寧に教えてくれた。それくらい女性社員には優しい。

性差別と言われないように付け加えますが、女性のお客様に対しては、若くて元気な男性社員のほうがウケはいい。テニススクールを運営する**ノアインドアステージ株式会社**（兵庫県・大西雅之社長）国分寺校に通っている私の妻も、クラスの同僚も**テニスが上手なコーチから教わるより、若くてピチピチした男性から教わるほうがいい**と話しています。

営業組織をつくるときには、この傾向を頭の片隅に入れておきましょう。営業はシビアな世界であり、異性だから契約してくれるほど甘くありません。しかし、「女性は営業に向かない」と決めつけて、男性ばかりにするのもおかしい。女性も含めて、**適材適所でメンバーを選ぶ**ことが大切です。

実行計画表で、営業活動を具体化する

実行計画表は必ずアナログで見える化する

営業組織のメンバーが揃ったら、次は営業の**「実行計画」**を立てます。ABC分析で重点的に攻めるべき顧客を決めて、ランクごとに訪問回数を決めます。攻撃の量の目安は次の通りです。

「Aクラス＝一回平均長時間×高頻度
Bクラス＝一回平均中時間×中頻度
Cクラス＝一回平均短時間×低頻度」

営業担当の稼働日数や労働時間には限りがあります。その中で各クラスのバランスを考えながら月の訪問回数を設定します。

それが決まれば、実行計画表に落とし込みます。**実行計画表はA0の紙で壁に貼ります**。間違ってもPCの中はダメです。デジタルで保管すると、ファイルを開かないかぎり見ることができません。人間の脳は怠け者で、目で見ないと、ないことにしてしまう。現実を見つめるには、アナログで否が応でも視界に入るようにします。

実行計画表に、月や週ごとの予定訪問回数の他、さまざまな情報を書き込みます。半期の目標や、差別化ツールの更新予定、毎月のP／L（損益計算書）……。一つひとつ詳細に説明しませんが、これらの情報を一覧で把握しておくことで、「営業組織の目標は何で、達成するためにいま何をすべきか」が明確になります。

ランチェスター戦略を教える機関は、どこも同じような実行計画表を使っていると思います。武蔵野で教える実行計画表は、より戦略的な営業ができるようにいくつかカスタマイズをしています。

詳細は秘密ですが、一つだけ明かすと、**実行計画表に戦略マップがついています**。マップは、市販の地図を拡大したものです。そこにお客様の位置をシールで貼ります。クラス別に色違いのシールを使えば、どこに優良顧客がいるのかが一目でわかります。

デジタルの時代にアナログの地図を貼るのは、**効率的なコース**をイメージしてほしいからです。若い社員は、紙の地図を見て車を運転した経験がありません。免許を取ったときからナビで運転しています。

そのせいか、出発地と目的地の2点を結ぶ線はイメージできても、複数の地点を経由しながら回るコースをイメージすることが得意じゃない。幹線道路沿いにA→B→Cの順にお客様がいるのに、リストが上からACBと並ぶと、そのままナビでA→C→Bのコースを訪問します。

武蔵野もこの弊害に悩んでいて、3年前から実行計画表にマップをつけるようになった。それで成果が出たから、お客様に同じものを提案しています。

＜実行計画表・戦略マップはアナログで掲示する＞

○実行計画表

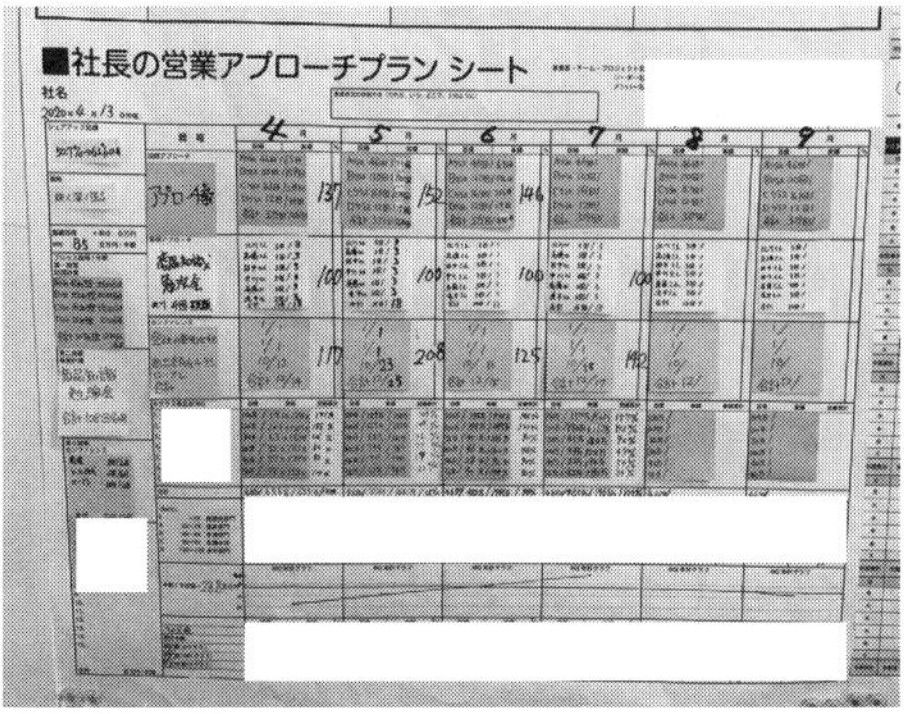

○戦略マップ

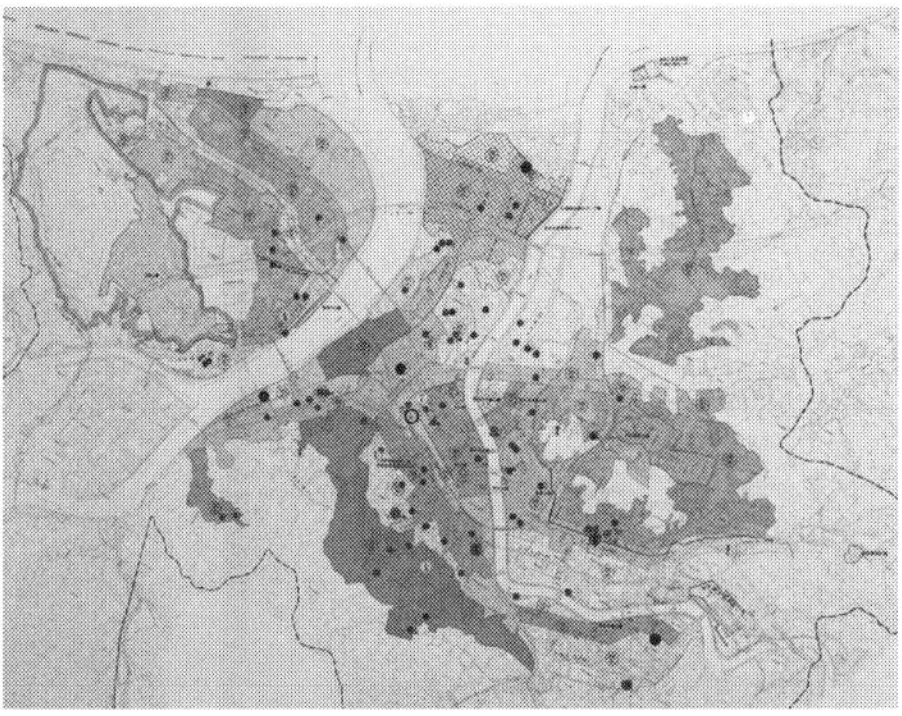

アナログで全体を俯瞰する力をつける

ナビは便利なデジタルツールです。だがデジタルでは自社の弱点を強化できません。**自社の強いところをデジタル化する**のが正しい使い方です。

デジタルツールを使いこなすには、まず人間が賢くならないといけない。賢くなるには、**アナログで活用して全体を俯瞰する経験を積む**必要があります。戦略マップは、その経験を積むための道具です。

社員の訪問回数を増やす方法

見張り、罰金、精神論はNG

実行計画を立てれば、あとは計画通りに実行するだけ。月の訪問予定を地道にこなせば、間違いなく成果が出ます。

だが言うは易し、やるは難し。残念ながら、**社員が計画通りに訪問をこなす会社はほとんどありません**。たいていは予定以下の訪問回数になり、「忙しかった」「まだ慣れていない」などと社員の言い訳を聞くはめになります。

社員が頑張らないのは、驚くことではありません。

「社長の営業」定着プログラムで、たいていの社長は計画通りにやりません。武蔵野から見張りの社員を派遣して、訪問をしない日は罰金を取ると言うと、「まきの」の牧野社長は、嫌々ながら一件だけ訪問した。多くの社長も似たようなものです。会社の全責任を持つ社長がこのレベルですから、社員がサボッても不思議はない。

では、どうすれば計画通りに訪問するようになるのか。

見張りをつけるのは、コスト面で非現実的です。罰金も使えません。社員から罰金を取れば法律違反です（社長から取るのは合法で、遠慮なく徴収したいところです）。

一番効くのは可視化でしょう。

実行計画表は実際に訪問した回数を書き込みます。すると、誰が何回訪問して、目標に何回足りていないかが一目でわかります。実行計画表はオフィスに貼られて、回数が少ないと、まわりの視線が気になり、恥ずかしい気持ちや反省する気持ちが湧きます。晒されても動じない肝の太い社員もいるが、普通の神経の持ち主は、「次は目標をクリアしよう」と素直に反省します。

わが社は、**営業担当の売上額を労働時間で割った「1時間当たりの売上額」をオープンに**しています。

さっそく本書でも実名で可視化しましょう。

社長のサポート部の三好寛平課長は2019年上期、710時間働きました。これは勤怠管理システム「KING OF TIME」のデータです。売上を時間で割ると、28万9000円。これが三好の上期の生産性です。一方、同じ部署の玉井賢司部長の1時間当たりの売上は、16万円でした。玉井の生産性は三好の約半分です。

二人に能力の差はあまりありません。ならば、どうして倍近くの差が開いたのか。差を分けたのは、やるべきことをやっているかどうか、つまりお客様のところにきちんと訪問していたかどうかです。この月、玉井はのんびりと1日に1件しか訪問していなかった。対して三好は2・5回です。訪問回数の差が、そのまま生産性の違いに直結していた。

社員はランチェスター戦略を叩きこまれています。ですから、訪問回数を増やせばランキングが上がって晒し者にされずに済むことがわかっている。

案の定、次の期、玉井部長の訪問回数は1日3件に急増し、**12人中7位に**上がりました。

ムチがあればアメもあります。ここでは細かく解説しませんが、わが社は成果に応じて評価が決まり、評価によって賞与が大きく変動する仕組みを導入しています。相対評価で同僚より成果を出さなければ評価されませんが、評価されればしっかりと報われます。玉井が頑張ったのも、訪問回数を増やして成果を出せばアメが手に入ることを知っているからです。

さて、玉井の生産性が上がってくると、ランキングで玉井の一つ上にいた鴨下裕司課長も焦り始めます。**成績を可視化すると、いい意味で競争意識が芽生えて、自然に全体の訪問回数が底上げされます**。

私は2020年の56期から新卒の基本給を1万円上げました。1万円の昇給は約5%アップです。普通は人件費を5%上げると会社が赤字になります。しかし、玉井が訪問回数を3倍にしたように、他事業部も訪問回数が増えるよう仕組み化している

＜可視化は最高のモチベーションアップの手段＞

2019年上期 生産性ランキング

担当者	労働時間	1時間当たりの生産性
1. 三好寛平	709.58	¥289,803.6
2. 雨倉浩彦	[illegible]	[illegible]
3. 遠山準一	[illegible]	[illegible]
4. 岡本勇輝	[illegible]	[illegible]
5. 牛島弘貴	[illegible]	[illegible]
6. 加藤肇	[illegible]	[illegible]
7. 久保田耕平	[illegible]	[illegible]
8. 鴨下裕司	[illegible]	[illegible]
9. 汐見亮	[illegible]	[illegible]
10. 坂本恭隆	[illegible]	[illegible]
11. 那須潤一	[illegible]	[illegible]
12. 玉井賢司	941.17	¥160,260.2

マズイ…

2019年下期 生産性ランキング

担当者	労働時間	1時間当たりの生産性
1. 三好寛平	[illegible]	[illegible]
2. 雨倉浩彦	[illegible]	[illegible]
3. 加藤肇	[illegible]	[illegible]
4. 牛島弘貴	[illegible]	[illegible]
5. 遠山準一	[illegible]	[illegible]
6. 鴨下裕司	[illegible]	[illegible]
7. 玉井賢司	804.89	¥151,067.9
8. 坂本恭隆	[illegible]	[illegible]
9. 岡本勇輝	[illegible]	[illegible]
10. 久保田耕平	[illegible]	[illegible]
11. 那須潤一	[illegible]	[illegible]
12. 汐見亮	[illegible]	[illegible]

訪問件数3倍で
ランクアップ！

他のメンバーたちも刺激を受け、
全体の底上げにつながる

ため、5％の賃上げも十分に元が取れます。

社員に「働け」と命じて働かせる社長は二流です。強制すれば一時的に成果が出るが、社員のモチベーションは低下して、退職やメンタルの病気に結びついてしまう。

大切なのは、**アメとムチを駆使して社員が自ら働きたくなる仕組みをつくる**ことです。その仕組みがあれば、予定の訪問回数は自ずと達成される。

営業力がアップするＩＴツールの使い方

帰社の必要がないから定時まで目いっぱい訪問できる

営業担当の訪問回数を増やす方法は他にもあります。**ＩＴ化**です。営業担当にタブレットを支給して、効率的に仕事を処理できる環境を整えれば、浮いた時間でもう一件回れるようになる。じつにシンプルです。

武蔵野は２０１２年から全員にｉＰａｄを支給しています。社員だけではありません。パート、アルバイト、外交員、内定者も含めた全従業員です。

支給台数は**8000台以上**。だいたい2～3年ごとに新機種に切り替えるため、そのたびに**8000万円**ほどの投資になります。最近はiPadに加えてiPhoneも支給。これも合わせると、切り替えごとに**約1億3000万円**を使っている。わが社の売上規模を考えると、かなり攻めた投資です（ノートパソコンも、課長職以上は、一人一台所有している）。

しかし、投資に見合うだけの成果は出ています。ダスキンのルート営業は、訪問中にお客様からさまざまな要望を受けます。「次回からモップは要らない」「マットの汚れがひどいから、毎週交換に来てほしい」。

以前はこうした契約変更の申し出は、その場で紙にメモをし、帰社後に基幹システムに入力していました。昔は残業おかまいなしのブラック企業でしたから、二度手間になっていても誰も気にしなかった。

iPadの導入後は、基幹システムにiPadからも入力できるようにしました。契約変更の申し出があれば、お客様の目の前で即入力ができます。会社に帰った後の作業が大幅に減って、残業時間の短縮に貢献しています。

他の事業も同じです。わが社はお客様訪問時の情報を「マイページプラス」というソフトに記録しています。

滞在時間などの定量データから、実際にお客様が何を話したのかの定性データまで記録しており、データ分析や社内の情報共有が簡単になりました。お客様情報が社員個人についていていたのを、**お客様ごとに情報を蓄積**できるようになり、担当者が変わっても過去の情報を引き出すことができます。このソフトへの入力も、ｉＰａｄで空き時間で終わらせることができます。

ＩＴ活用による業務効率化で、残業は月76時間（２０１５年度）から、月11時間まで減らしました。

ＩＴ化せずに残業を減らそうとしたら、外回りの時間を短くするしかない。事務作業のために早く帰社させれば、それだけ訪問回数が減るのは自明の理です。しかし**ｉＰａｄを大量導入して、定時ギリギリまで訪問ができる環境を整えた。だから残業を減らしても訪問回数が減っていない**。

営業も、新型コロナウイルスへの対応でＩＴが大活躍しました。

経営サポート事業の社員は基本的に在宅でリモート勤務。お客様とのミーティングはＺＯＯＭでした。セミナーもＷＥＢ開催。事業計画を立てるプログラムでは、講師が参加者の入力画面を共有しながら一緒にチェックができる仕組みも取り入れました。

お客様先に訪問する営業マンも、専門的な内容については「リモート同行」に切り替えました。現場で浅い知識でお客様に商品説明をすれば、お客様の満足度は下がります。データドリブン・Ｋｉｍｅｔｅ事業部では1日3社リモート同行する日もある。

コロナで多くの会社が慌てふためいているときに、いち早くこうした対応ができたのも、武蔵野が普段からＩＴ化を進めていたからに他なりません。

セミナー開催中止で4・5月は売上が7億円も激減しました。リモート環境を素早く構築できていなければ、もっと悪くなっていた。**6月からは営業利益が黒字に転じ、7月は8900万円に**なった。経常利益が元に戻るのもさほど遠くない。お金に糸目をつけずにＩＴ投資をしていて本当に良かったと思います。

営業トークは台本通りに。不自然でも準備したほうが強い

アレンジすると検証できずに改善につながらない

営業マンがお客様を訪問したときにやることは何でしょうか。

新規開拓先への訪問時は、**簡潔に自己紹介をして、「耳よりの情報をお持ちしました」と言って、自社の差別化ポイントをまとめたチラシを渡して説明をする。**基本はそれだけです。

既存のお客様を訪問する場合も案件化していなければ、新規開拓先へのアプローチとほぼ同じです。ただし、差別化ポイントを説明する際、どのポイントが響くか、お

客様ごとの事情に合わせて逆算していきます。反応があるかないかの、いわばリトマス試験紙の役割です。

決めているのは流れだけではありません。ランチェスター戦略導入プログラムでは、トークも武蔵野で**用意したシナリオを一字一句違わずに話す**。ここでは公開しませんが、「私は株式会社○○、△△営業部の□□と申します」から最後の「本日はどうもありがとうございました」まで、完全コピーです。

そのように小楠浩生部長が指導すると、たいていの会社ではベテラン社員を中心に反発が起きます。「自分は何十年も営業をやってきた。いまさら小学生みたいな真似をさせるな」。

しかし、そこは何とか我慢して同じトークをしてもらいます。理由は、**トークを個々にアレンジをすると後で分析ができなくなる**からです。

ベテラン社員が、決まったトークを無視して業界の鉄板ネタを盛り込みます。それで結果が出ても出なくても、一件だけでは業界の鉄板ネタが効いたのかどうかわかりません。数多くの訪問先で同じネタを使ってこそ、トークの評価が可能になります。ところが、決められたトークが嫌だという人ほど、トークの内容をコロコロと変えてしまう。これでは効果的なトークの分析ができません。

みなさんに提案するトークは、すでに何度も分析を経ていて、どの業界でも使えることがわかっています。もともと完成度が高いからアレンジする必要性は低い。また、のちにアレンジを加える可能性があっても、まずは全員で同じトークを実践しないと、アレンジを加えたときの分析が難しくなります。

お客様に渡す差別化チラシも同じです。差別化チラシは、既存のお客様にヒアリングした内容から導いた自社の強みを4点、掲載します。また、その強みがリアルに伝わるように、お客様の実際の声も載せます。

このチラシもフォーマットがガチガチに決まっています。写真の位置や大きさはもちろん、カラーも勝手にアレンジしてはいけない。自社のコーポレートカラーがあるからそれを使いたい社長がいても却下します。**まずは決まったとおりにやるから、必**

要に応じて戦略的なアレンジができる。

日本の伝統文化には「守破離」の考え方があります。まずは師匠から教わったことを徹底的に真似て（守）、すっかり板についたところで自分なりのやり方を加えて改良して（破）、最終的にすべて飲み込んで自分の型をつくる（離）。日本の伝統文化はそうやって流派を広げたり新しい流派を創造してきました。

営業も、「守破離」がいい。いっけん遠回りに見えても、まずは基本の型を覚えることが営業組織を強くする近道になります。

では、型を身につけるにはどうすればいいのか。

これも伝統文化と同じで、**ひたすら練習を繰り返す**しかありません。新人の多いダスキン事業部の秋葉原センターでは、安藤孝徳課長が、毎朝15～20分、二人一組になって営業のロールプレイングを行います。一人がお客様役、もう一人が営業担当役になり、決まったトークで話します。

最初は誰でもたどたどしいものです。だが1カ月も繰り返せば誰でも詰まることな

〈 営業マンごとにバラバラなトーク・チラシでは意味がない 〉

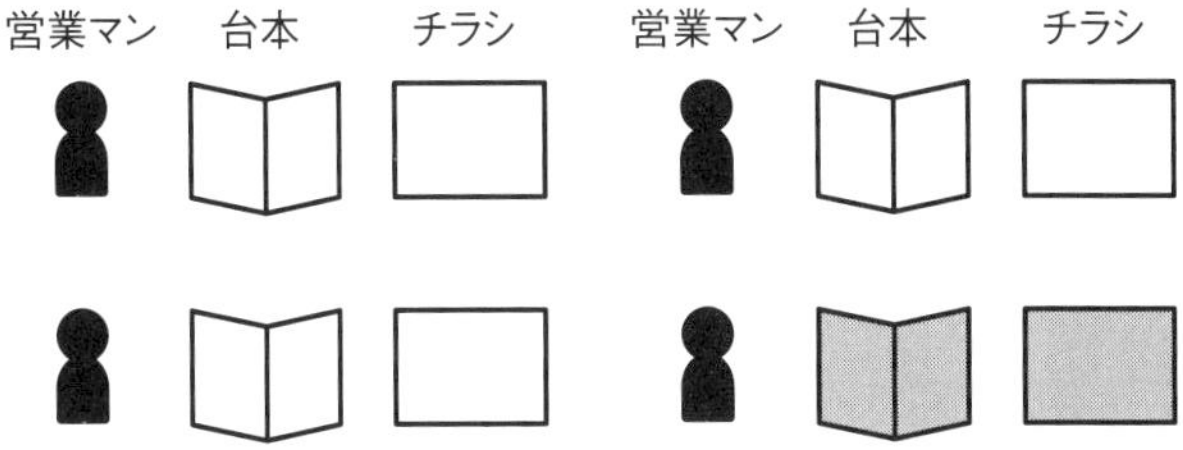

同じものを統一して使うから

↓

トーク・チラシの効果の分析ができる！

バラバラなものをアレンジして使うから

↓

トーク・チラシの効果の分析ができない！

アレンジを加えるときも統一して行う

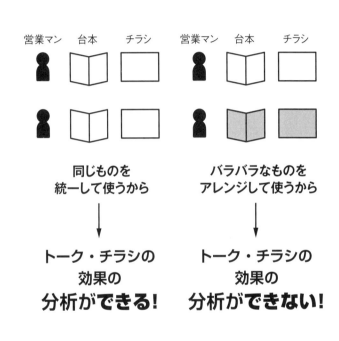

く言葉が出てくるようなります。

ある程度スムーズに話せるようになっても、台本通りのセリフで、どこか不自然さが残るかもしれません。しかし、**不自然でもいい**。お客様は、おそらく「この営業担当は、用意してきたセリフを話してきたな」と気づきます。それで不快感を持つことはありません。むしろ**「この人は、営業のために一生懸命準備してきた」**とポジティブな評価をしてくれます。

想像してください。スマートだけど成り行き任せの人と、派手さはないが真面目にコツコツやる人、みなさんならどちらに本心を語りますか。

おそらく前者の人が相手なら、「こちらも適当に相槌を打っておけばいい」と軽く見るはずです。一方、後者の人に対しては、「向こうは真剣だから、こちらもいい加減な対応はできない」と重く受け止めて襟を正すでしょう。

ビジネスの場で重要なのは、**トークの巧拙《こうせつ》よりも真剣さ**です。そして真剣さは、日ごろの練習量に比例してにじみ出る。**ロールプレイングをバカにしないで繰り返し練習した人が最終的にお客様に評価される。**

計画の実行は「対話」で確認する

部下の考えを頭から否定してはいけない

社員が実行計画通りに訪問したかどうかは、**「情報共有会議」**を開いてチェックをします。営業組織の規模によりますが、現場マネジャーのチェックは月末に1回だと少ない。月の初めに何か問題が発生しても、月単位ではその問題を月末まで放置することになってしまう。

訪問回数は、少なくても**週単位で管理**したほうがいい。週単位なら問題が深刻化する前に対応が可能です。

情報共有会議で確認するのは訪問回数だけではありません。契約が取れて、計画の途中でお客様のランクがアップすることがあります。ランクごとにシールの色は違うので、お客様がランクアップすれば、実行計画にも色違いのシールを上から貼る。色が変われば、自分やチームが頑張った成果がビジュアルで感じられます。些細な工夫ですが、これは現場の励みになります。

チェックの結果、訪問回数が足りなかったり、失注が相次いだことがわかったら、マネジャーは部下にどのように指導すればいいでしょうか。

このとき**一番やってはいけない指導が、「とにかく行ってこい」「俺が言ったとおりにやればいいんだ」**です。上司が指導した内容が正しくても、納得感が薄いと営業担当は半信半疑で訪問を続けることになります。

半信半疑でも行動することに意味はあるが、どうせ行動するなら、本人が腹落ちしているほうがいい。「こうすれば成果が出る」と本気で信じて行動したほうが、言葉や振る舞いが堂々としてきて、それがお客様には好印象を与えます。

上司は**「対話（ダイアローグ）」**を重視して部下の指導を行っています。先ほど指摘したように、一方的に上司の考えを押しつけるのはダメ。また、双方向のコミュニケーションでも、異なる意見を戦わせて白黒をつける「ディスカッション」や「ディベート」は、頭で理解できても気持ちがついてこないことが多い。

心から納得しやすいのは、「対話」です。対話は、**お互いに自分の考えを明かしたうえで相手を尊重して、二者択一ではなく第三の案を生み出していく**コミュニケーション技法です。わが社の矢島茂人専務は、対話を**「和談」**と呼んでいる。対話は相手を尊重するから、ギスギスした話になりにくい。その性質を表した良いネーミングだと思います。

具体的に、訪問回数が少ない原因や失注した原因を一緒に探っていきます。目標に対する意識の低さが原因なら、**「なぜAクラスのお客様を訪問したほうがいいのか」「なぜこのお客様のところに何度も通うのか」**と基本のところから問いかけて話を進めていきます。

頭のいい人は相手を理詰めで追い込みがちですが、追い詰めてイエスと言わせることが対話の目的ではない。間違っていると思っても**頭から否定せず、部下の考えによく耳を傾ける**ことが大切です。

対話の対象は、ネガティブなことばかりではありません。営業担当がお客様への提案内容に悩んでいたら、それも対話しながら一緒に練り上げていけばいい。

自動車メーカーのホンダには「ワイガヤ文化」があります。車の開発現場では、立場に関係なくみんなでワイワイガヤガヤと知恵をぶつけ合い、技術的な課題を乗り越えてきたそうです。ワイガヤは、まさに対話の典型例でしょう。営業の現場でも同じように意見をぶつけ合って、新しい提案をつくっていけばいい。一人ひとりの頭はたいしたことがなくても、みんなで知恵を出し合えば何かが生まれます。

何を話し合うにしろ、現場のマネジャーは忙しいので、すぐに結論に飛びつきがちです。報告を受けるだけの会議ならそれでいいが、問題を深掘りする必要がある場面で**先を急ぐのは禁物**。じっくり腰を落ち着けて対話してください。

営業組織は「見つける」「捕まえる」「逃がさない」に分ける

中小企業は3チームで一人前でちょうどいい

営業組織の規模によっては、**組織を3つに分けてもいい**。

武蔵野の経営サポート事業は、営業を3つのチームに分けています。役割でいうと、**「見つける」「捕まえる」「逃がさない」**です。

最初の**「見つける」チームは、見込み客を見つける**役割を担います。

経営セミナーを開いて集客したり、経営者の関心が高いコンテンツをつくってWE

Ｂで公開して資料請求の誘導をしたり。最近はＹｏｕＴｕｂｅで動画をつくったりもしている。大企業で言えばマーケティング部門がやる活動をして、見込み客のリストをつくります。

その**リストを引き継いで実際に営業をかけるのが「捕まえる」チーム**です。

集客したお客様は最終的に武蔵野の現地見学会に誘導します。現地見学会は、わが社が実際に取り組んでいることを直接見てもらう仕組みです。本書で「残業が月11時間になった」と書きましたが、本当に社員は残業していないのか、そのためにどんな仕組みを導入しているのかを見てもらいます。

現地見学会で「小山の言うことは本当だった」とわかってもらったところで、「捕まえる」チームが「経営サポート会員になりませんか」とアプローチをする。要するに新規開拓部隊です。

新規開拓といっても、現地見学会に来ていただいた方すべてに声をかけるわけではありません。

原則的に上場会社はわが社の対象外。上場会社は数年で社長が交代します。コンサルティングの結果が出る前に社長が交代になり、それまでやってきたことがご破算になるのはつらい。結果が出るまで責任を持ちたいので、上場企業は遠慮いただいています。

従業員10人以下も対象外です。従業員10人以下だと、さすがにサイズが小さすぎて、武蔵野がやっている仕組みをマネできません。また、武蔵野のプログラムの代金はけっして安くない。10人以下の創業期は勉強にお金を使うより、まず事業の基盤を確立するための投資が優先です。勉強は、それからで遅くありません。

絞ってアプローチをして経営サポート会員になったら、あとは総勢20人の**「逃がさない」チームが引き継ぎます**。このチームに前出の玉井、三好が所属しています。

セミナーや合宿に出席したお客様のところに顔を出してサポートをしつつ、「次はこんなプログラムに申し込んではいかがですか」と提案します。

つまり**既存客営業**です。

3つのチーム——見込み客の獲得、新規開拓、既存客営業——は、求められるスキルやノウハウが違います。

見込み客をリスト化するチームは、メディアの特性に詳しくなくてはいけません。新規契約の50%はネットからに変わりました。また、新規開拓は短い時間にアピールできるプレゼン力が必須であり、既存客営業は訪問回数が大切で、全国各地にサッといけるフットワークの軽さが求められる。

それぞれ求められるものは違うから、最初から分業制にして、その仕事を得意とする社員に活躍してもらったほうがいい。社長は「走・攻・守」の3拍子が揃ったプレイヤーを求めがちですが、中小企業にイチローが入社するはずがない。ないものねだりせずに、**3チームで一人前になる仕組みを考える**のも手です。

最初から完ぺきを目指さなくていい

最初からうまくいくはずがない

営業組織をつくってランチェスター戦略を実践したものの、社員の理解度に差があって、うまく浸透しない――。

わが社のランチェスター戦略導入プログラムを受けた会社から、こういった悩みが届くことがあります。

私の答えは決まっています。

「最初から完ぺきを目指すな」です。

ある考え方を組織に浸透させるのには時間がかかります。

武蔵野もそうです。毎日朝礼を開き経営計画書を読ませ、環境整備を繰り返して、さらに私が早朝勉強会で直接語り掛けて、ようやく価値観が浸透してきた。すっかり定着したと思って環境整備の時間を短くしたら、途端に価値観が揃わなくなって業績が伸び悩み、慌てて戻したこともありました。新型コロナウイルスの影響で、早朝勉強会は密になるからと中断しているが、早く再開したいものです。


考え方を揃えるのはそれくらい難しいことなのに、ランチェスター戦略を完ぺきに理解する営業組織が一朝一夕でできあがると考えるほうがおかしい。最初は全体的に理解度が低いのがあたりまえ。

また、ランチェスター戦略をバカにして非協力的な態度を取ったり、勘違いしたまま突っ走る社員がいるのも普通のことです。

どのような組織も、そのような不完全な状態から、ＰＤＣＡを回しながら少しずつ良くなっていくものです。

一般論で言うと、1年間で浸透させるのは無理です。自分で手を動かして実行計画をつくって、実際に動いて体験しながら理解できる部分も大きい。合格ラインに達するまで、少なくても2〜3年は覚悟しておいたほうがいい。

逆に言えば、**最初は30点くらいでもまったく構いません**。もともとそういうものですから、焦らずに取り組んでください。

環境整備でランチェスター戦略が浸透していく

浸透を早める秘訣をあえて明かすなら、**環境整備**でしょうか。

環境整備で社内を整理整頓して形を揃えると、いずれ社員の心もピタッと揃ってきます。「形から入って心に至る」です。社員の価値観が揃ってベースができていると、新しいことを導入するときもスムーズに行きやすい。

ランチェスター戦略を組織導入した前出のイガラシの五十嵐社長（123ページ）は、こう言います。

「わが社は1年目に私がランチェスター戦略を学んで、2年目に組織に展開しました。私は営業歴が長いのでランチェスターの考え方にすぐ馴染みましたが、社員は営業のキャリアが浅い人が多く、当初は理解してもらえるかどうか不安でした。しかし、いざ組織展開したところ、すんなりと受け入れてもらえました。

おそらく**環境整備で社内に共通の価値観ができていたおかげ**でしょう。環境整備をしていなければ、同じ方向を向いてもらうところから始めなければならず、成果が出るまでにもっと時間がかかっていた」

他の社長に聞いても、環境整備が根づいている会社ほどランチェスター戦略の組織導入がスムーズな傾向が見て取れます。

もっとも、環境整備を定着させるのは大変で、ランチェスター戦略の導入以上に粘り強さが求められます。結局、組織づくりに短期間で楽ができる道はないのかもしれません。

第5章

ランチェスター戦略で「強者」に変身した元「弱者」たち

ケース 1

株式会社 丸山自動車

ライバルが顧客に！寄せ集めメンバーが「科学的営業」で大きな成果！

株式会社丸山自動車

代表取締役
丸山勇一

事業内容
民間整備工場、鈑金塗装・修理全般、新車・中古車販売、損害保険代理店業、レンタカー事業

本社所在地
新潟県三条市

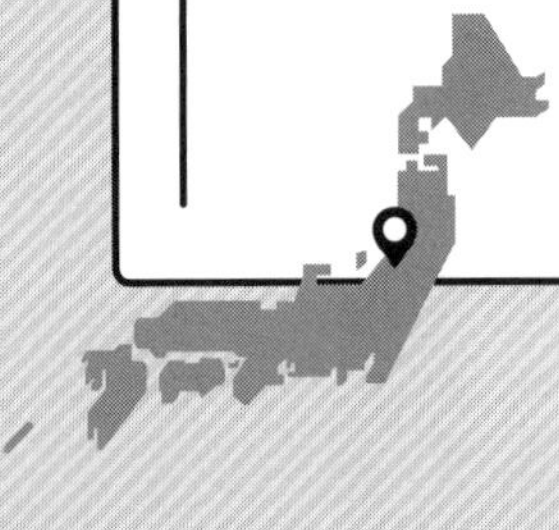

“営業の鬼”が科学的営業を導入した理由

ランチェスター戦略の基本とメソッドは理解いただけたでしょうか。ところどころで実際にランチェスター戦略を導入した会社の事例を紹介しましたが、まだ半信半疑の読者もいるでしょう。そこで、より詳しい事例を3つ、この章で取り上げます。

3社の事例は業種や会社が置かれた状況が異なりますが、共通しているのは、ランチェスター戦略を駆使して弱者が強者になったこと。各社はランチェスター戦略をどのように活用して成長を遂げたのか。さっそく社長の奮闘ぶりをご紹介しましょう。

まずは**株式会社丸山自動車**（新潟県）の丸山勇一社長です。

いきなり前提をひっくり返すようですが、丸山自動車は強者です。同社は新車・中古車の販売から、修理、ガソリンスタンド、レンタカー、自動車保険の代理店業まで、自動車に関連するサービスを幅広く展開していますが、現在、主力事業は車検・整備工場です。車検・整備を全国でフランチャイズ展開している「コバック」の加盟店になり、新潟県内では取扱台数ナンバーワンです。また、全国の加盟店でもトップクラス。他のコバック加盟店が各地からベンチマーキングにやってくるくらいですから、数字だけでなく、経営品質の面でも堂々たる強者です。

そんな会社が、なぜランチェスター戦略を導入しようと思ったのか。きっかけはビジネスモデルへの危機感です。

コバックの車検工場は店舗型のサービスで、ビジネスモデルはＢｔｏＣです。ここは先述の通り順調に伸びていますが、ＢｔｏＣは水モノなところがあり、将来にわたって安心できるわけではない。

丸山社長としてはＢｔｏＢを育てて経営の安定化を図りたかったが、同社の法人顧客はごく少数で、営業組織すら存在しなかった。法人営業は、完全に弱者。そこで中嶋博記統括本部長（現役員）に相談があり、ランチェスター戦略を導入して法人営業部を立ち上げることになった。

丸山社長が偉かったのは、**我流で営業組織を立ち上げなかった**ことでしょう。じつは丸山社長は営業の鬼。もともとトヨタ系の有名ディーラーで修業をしており、わが社のセールス研修に勝手に志願して、実際に参加し合格もしています。丸山社長が契約を取りまくって他の参加者が戦意喪失したため、翌年から「社長の参加は禁止」にルールを変えた。セールス研修に参加し武蔵野の歴史上、断トツの成績を残した社長です。

これくらい営業のテクニックを持っていれば、普通は自分の指導の下で営業組織を立ち上げます。しかし、丸山社長は**「職人のように人によって巧拙がつくやり方ではなく、科学的なアプローチで誰でも営業ができる組織をつくりたい」**と考えた。営業に自信のある社長ほど、この考えを持つのは難しい。我流にこだわらなかった点は本当に立派です。

寄せ集め集団がヒアリングに奔走！

武蔵野から派遣されたのは、本書にたびたび登場している久保田本部長です。同社の三条店内に新設された法人営業部に集められたのは、3人。**入社12年目の有望株が一人、上司の指示を聞かずに降格させられた中高年社員が一人、そして建設業から転職してまだ2カ月目の社員が一人。**お世辞にもドリームチームとは言えない寄せ集め集団です。

久保田は「寄せ集めのメンバーで営業組織をつくるのか」と、丸山社長の本気度を一瞬そう疑った。しかし、メンバーに関係なく結果を出してこそ科学的な手法といえます。バラエティに富んだメンバーは望むところです。

始動は2018年の夏です。取り掛かったのはABC分析とヒアリングです。数は少ないものの、長年おつきあいのある法人顧客はいました。そういったロイヤルカスタマー20社を中心に、丸山自動車の強みを聞いて回りました。

ヒアリングを実施する前は、創業52年の信頼感や、整備や修理の品質が強みだと考えていたそうです。しかし、**お客様の着眼点は違いました**。ロイヤルカスタマーが重視していたのはスピードでした。金曜日に故障して連絡すると、土日に取りに来て修理して、月曜に車を戻してくれる。法人は営業車がなければ仕事になりませんから、このスピード感は何より助かるそうです。

また、幅広い自動車関連サービスをワンストップで受けられるのも強みでした。車両の点検を待っている間に、保険料が安くなる新しい自動車保険の提案を受けて、入り直したお客様もいた。各種サービスを同じ会社で受けられるのは、時間が惜しい法人顧客にとって大きな魅力だった。

これらの声を分析して、丸山自動車は「スピード」「ワンストップサービス」「ホスピタリティ」を差別化ポイントに設定しました。そしてそれらの要点をまとめた差別化チラシを作成。チラシには、足で拾ったお客様の生の声も掲載されています。

また、**差別化ポイントを強調するために、新たなサービスメニューもつくりました**。

一つは、ロードサービス（レッカーサービス）の新サービスです。自動車事故で車が動かなければ、レッカー車の出番です。事故車を運ぶ技術はどこも同じで、差別化になりません。同社が注目したのは事故後の修理です。

普通レッカー車は、所有者の意向と関係なく、自社が懇意にしている修理工場に事故車を運んでいきます。その結果、ついでに別の箇所まで修理されて法外な料金を請求されてトラブルになることが少なくありません。法人の担当者(たいていは総務部)が文句をつけたくても、レッカーと修理工場は別会社で、交渉そのものがやりにくい、結果、泣き寝入りで高い修理代金を支払うことになる。

お客様の不満を知っていた丸山自動車は、レッカーで運ぶだけでなく、修理まで含めてワンストップで提供するサービスをつくりました。修理の代金はケースバイケースですが、法人顧客の担当者とコミュニケーションを取りながら予算に応じて修理箇所を決めていきます。窓口が一つで、お客様は手間が省けるし、しっかりコミュニケーションが取れるから納得感が高い。まさにワンストップの強みを活かしたサービスです。

従来は技術力や価格で差別化を考えていたから、スピードやワンストップを活かしたサービスをつくる発想がなかった。これはまさしく**ランチェスター戦略でヒアリングをした成果**です。

ランチェスター戦略でライバルがお得意様に⁉

差別化のポイントに合わせて武器を揃えた後は、実行計画をつくって本番の営業活動です。目標は、半期で粗利2000万円、訪問回数月300件です。Aランクのお客様は月3回、Bランクのお客様は月2回、Cランクのお客様は月1回訪問する前提です。

実行計画表の作成時には、戦略マップを使ってお客様の位置をマッピングしました。すると、2つのエリアに多く集まっていることが判明。この2つを重点エリアにして、回りやすいコースを設定しました。

エリアの単位は中学校の校区です。校区で分けるとだいたい人口が等分され、丁目で分けるより商圏が実態に近くなります。商圏分析するときにはぜひ覚えておいてほしい知恵です。

回り始めて驚いたのは、メンバーの真面目さです。普通は誰かが音をあげてサボり始めるが、3人のメンバーは着実に訪問を重ねました。3カ月目に、月の訪問回数が予定の300件を超えて359件に達した。新潟の県民性なのか、はたまた丸山社長の教育がいいのか。成功要因はまだ分析できていませんが、「寄せ集め集団に、いい意味で期待を裏切られました」と久保田もびっくりしていました。

訪問を重ねて攻撃量を増やせば成果が出ます。2017年の売上は50億円でしたが、ランチェスター戦略の導入を始めた2018年度は**60億円**に増えました。売上50億円を超える企業で**年120%**で成長するのは奇跡に近い。成長分の多くは従来からやっているBtoCですが、法人営業が成長をさらに後押ししていることは間違いありません。

メンバーの頑張りで、丸山自動車のランチェスター戦略導入は1年目から順調に進みました。しかし、そこで良しとしない向上心が丸山社長にはある。2年目も導入プログラムを続行して、戦略の浸透を図りました。

その過程で出てきたのが、**「競合に営業をかける」**アイデアです。

丸山自動車は、先述の通り自動車に関する事業を幅広く手掛けています。車の買い取り業者や中古車販売店、レンタカー、さらにカー用品の量販店も、同社にとってはライバルです。法人営業部にとってはライバルというより未知の存在です。そこで丸山社長が「敵情視察を兼ねて、一度売り込みに行ってみようか」と提案して、手分けしてアプローチしてみたのです。

すると、大手中古車販売チェーンの店長から熱烈な歓迎を受けました。丸山社長はこう語ります。

「わが社は中古車販売もやっているから、大手中古車販売チェーンは思い切り競合関係になります。しかし、喜んでいいのかどうか、**向こうはわが社を車検工場としてし**

か見ていなかった（笑）。

そのおかげでチャンスをもらえました。そのチェーンが新潟で使っている整備工場は対応が悪く、困っていたとか。そこで『1台からやらせてもらえませんか。うちのスピードを実感できると思います』とプレゼンしたら、普通に仕事をもらえました。いまそのチェーン1社で年間300～400件を受注しています」

発注してくれた競合は中古車販売チェーンだけではありません。新潟県内に1000台の車両を持つ大手レンタカー会社も、少しずつメンテナンスの仕事をくれるようになりました。

競合へのアプローチは、やり方を間違えると社内で反感を買います。丸山自動車内の中古車販売やレンタカー事業の社員も、ひょっとすると「裏切り者め」と怒っているかもしれません。しかし、**ビジネスは結果を出したほうが正義**です。2年目にさらに躍進した法人営業部は、社内で一目置かれる存在になったことでしょう。

同社の2019年度の売上は69億円で、前年比115％と、順調に成長を続けています。法人営業部門が「強者」になるのも、そう遠い話ではないと思います。

ケース
①

丸山自動車のランチェスター戦略成功❸大ポイント

ポイント 1

お客様へのヒアリングをもとにあらたな差別化サービスを提供

ポイント 2

計画を上回る数の訪問を達成

ポイント 3

販売部門の競合からメンテナンス部門の仕事を受注

ケース 2

株式会社meteco

究極の穴熊社長が変身！玉砕続きのスタートにめげず大手から受注するまでに

株式会社meteco

代表取締役
西川正悟

事業内容
加工、パッケージ、荷物預り

本社所在地
愛知県名古屋市

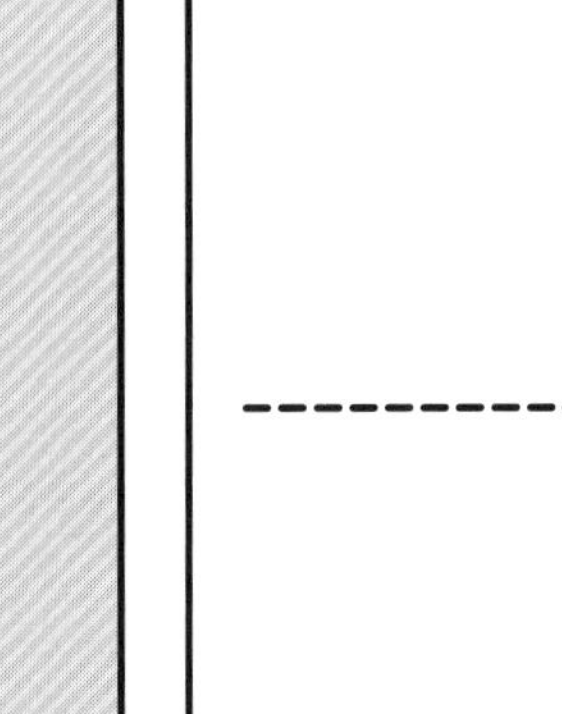

仕事中にゲームで遊ぶ究極の穴熊社長

武蔵野の実践経営塾は、経営に悩みを持つ社長が全国から参加しています。社長のキャラクターはさまざまで、コツコツと積み上げてきた真面目な社長もいれば、ビジネスの厳しさを本当の意味で経験していない二代目の社長もいる。

名古屋に本社を置く**株式会社meteco**の西川正悟社長は、後者の典型です。**社長室にゲーム機を持ち込んで遊んでいたかと思うと、ゴルフに行くためにいつのまにか社内から消えている。とんでもないお気楽社長でした。**

どうしてそんなにお気楽でいられるのか。同社はメーカーから送られてくるお菓子などの商品を、約150人のパートさんが箱や袋に詰めて発送する梱包業です。会社の立ち上げはお父様で、西川社長にはお兄さんがいます。お兄さんは会社を継がずに東京に出てノベルティーグッズの製造販売会社を設立した。metecoの仕事の9

割はお兄さんの会社からであり、一応は安定して売上がある。それに甘えて、西川社長は遊び惚けていた。

それでも将来に対する漠然とした不安があったのでしょう。経営サポート会員になって経営を学び始めました。西川社長がまともに経営していないことは財務諸表を見てすぐわかりました。営業していないことも一目瞭然です。経営指導するにも、まず営業を強化しないとどうにもならない。ほぼ強制的に「社長の営業」定着プログラムを受けさせた。

本部長の久保田が名古屋に行ってチェックをすると、西川社長の穴熊ぶりは相当なものでした。こちらから営業することが一切ない。お客様から問い合わせがあって初めて動く、完全に待ちの営業です。しかも、問い合わせに対しても、お客様から呼ばれないかぎり訪問しません。電話やメールで内容を聞いて、見積書を送るだけです。その対応も、基本的には幹部社員任せ。社長は「見積り送った？　まだ？　ダメじゃないか」と口を動かして終わりです。

ｍｅｔｅｃｏの社長室は個室で、立派な机とふかふかのソファがあります。よほど居心地がいいのでしょう。西川社長が社長室を出てお客様訪問するのは、お中元とお歳暮の挨拶のときだけでした。**年に2回しか穴から出ない穴熊社長**です。私は実践経営塾でさまざまな社長と出会ってきましたが、穴熊度は歴代でもトップクラスかもしれません。

本当にこの社長を更生させられるのか——。２０１７年の春、不安の中でのブログラムスタートでした。

お客様が少なすぎて分析できない！

ランチェスター戦略は、お客様のＡＢＣ分析から始まります。しかし、ｍｅｔｅｃｏの既存客は、お兄さんの会社を含めて数社だけでした。数社で「狭く」は、分析する以前の問題です。

そこで西川社長に新規開拓で営業を覚えてもらうことにしました。

もともと西川社長は、1社に依存する体制から脱却したいと考えていました。お兄さんの会社から発注されるノベルティーグッズの梱包は、シーズンの波があります。繁閑差が激しいと経営が不安定になります。仕事を平準化させるには、新規開拓をして多くのお客様と取引をしたほうがいい。

多くのお客様と取引を目指すといっても、何でも引き受けるわけにはいきません。梱包業は単価が安いビジネスです。ヘタな価格で引き受けると、すぐ赤字です。西川社長は原価計算をまともにやっていなかった。個々の案件で原価計算をするのは当然で、新規開拓のターゲットも、梱包の単価が高い商品を扱っているメーカーに絞り込むべきです。具体的には、医薬部外品や化粧品のメーカーがそれに当たります。

問題は、m e t e c o社内に見込み客リストがないことです。そこで**帝国データバンクで評点55~60点前後のメーカーをリストアップ**しました。評点は100点満点ですが、55~60点あれば、黒字経営かつ資金に余裕がある会社と見なしていい。

地域は、愛知、岐阜、三重の三県に絞りました。

西川社長は「東京のメーカーも加えましょう」と主張しましたが、東京に遊びに行きたい魂胆が見え見えです。そもそも、エリアを狭くするのがランチェスター戦略の基本でもあります。社長の提案は却下して、中京圏限定で150件のリストを作成しました。

7回目の訪問で受付を突破

リストアップしたのは、ABC分析すればラージAに当たる大手や中堅のメーカーが中心でした。そこに真正面からアプローチしても弾き飛ばされるのはわかっています。しかし、超穴熊社長には、あえて高い山を登らせて鍛えたほうがいい。差別化チラシをつくってトークのシナリオを固めたうえで挑戦させました。

当然ながら最初は玉砕の連続です。西川社長は当時の経験を次のように語ります。

「監視付きで10件回りましたが、**1件も受付を突破できませんでした**。監視についていた久保田さんには、『1件もチラシを読ませてもらえなかったのはレアだ。すごい』

と嫌味を言われた。結局、その日は急遽、11件目として既存のお客様を訪問。そこで差別化チラシを読ませていただいた。こんな日が続くのかと思うと、心が病みそうでした」

弱音を吐きまくっていた西川社長でしたが、変わろうとする意志は本物でした。黙っているとコワモテで、毎朝鏡の前で笑顔の練習をして、声が明るく響くように発声練習を欠かさなかった。もともとゼロからのスタートだったこともあり、日に日にスキルは上達していきました。

ついにその成果が出る日が来ました。名前を出せば誰でも知っている大手化粧品メーカーに7度目のアプローチをしました。この日も受付で玉砕。いったんは敷地外に出ました。ただ、ふと時刻を見ると、11時50分でした。会社員は昼休みに向けて仕事を切り上げる時間です。キリのいいところで仕事をやめて手持無沙汰にしている人がいないとも限りません。そこで**もう一回行って、「5分だけお時間もらえませんか」**と懇願。その結果、やっと担当者に会うことができた。

そのときは本当に挨拶して差別化チラシを渡しただけで終わりましたが、一度突破できれば次からは訪問しやすくなる。西川社長にとっては記念すべき第一歩になりました。

このまま順調にいくかと思えましたが、西川社長には波がありました。うまくいくと調子に乗って手を抜き、遊びたい病が復活してくるのです。「社長の営業」定着プログラムは継続してこそ効果が出ますが、一時中断を挟みました。

第二クールで実行計画を立てていたときです。たまたまその場にいた私は、西川社長の実行計画を見て驚いた。訪問回数の目標が「月5回」で低すぎる。

「西川社長、手帳を見せて。この日、真っ白だから営業に行けるね。頑張れば一日に何件回れる?」

そう問い詰めると、「10件くらいでしょうか」と西川社長。

「それならこの目標は明らかにサボリだな。書き直しだ。さあ、何回にする?」

慌てた西川社長は、**5の隣に0を付け足した**。

つまり10倍の50件です。無理やりの誘導でしたが、いちおうは自分で選んだ回数です。また、私との直々の約束を破れるほど西川社長はふてぶてしくない。ここからギアが一段入って、以前に増して真面目に回り始めました。

〝嘘八百〟の生産計画で売上1・6倍に

新規開拓で大手を落とすために、どんなことをしたのか。

効果があったのは、架空の生産計画です。大手の仕事は量が多く、現状のmetecoの工場の規模や人員では対応できません。それをそのまま見せると、「こんな小さな会社には発注できない」とマイナス評価をされてしまいます。そこで先手を打って、**「来年はこれだけ人を新たに雇い、ラインを増やす予定です。瓶詰なら年間80万本できますよ」と〝嘘八百〟の生産計画を示した**。

嘘八百といっても、受注が見えてきたら本当にその体制をつくるし、すでに多治見に新工場の場所も抑えてありました。

要は、現状ではなく**未来を評価してもらうための仕掛け**です。

一方で、現状でもレベルの高い会社であることを示すため、**工場見学会**も積極的に開きました。ある飲料メーカーの担当者を招いたときは、社内の飲み物をすべてそのメーカーのもので揃えた。とてもベタですが、ベタなことを異常だと感じていただけるレベルまで全員で取り組んだとき、気持ちが伝わります。

工場見学は、普段、人に見られることに慣れていない従業員の意識改革にもつながります。お客様の品質管理担当者から「きれいな工場ですね」と一言もらえようものなら、何よりも現場の励みになります。

訪問回数を増やすと同時にこれらの工夫をした結果、大手からも案件を取れるようになりました。成果が出始めると気持ちも乗ってきます。最初は私と約束した義務感から営業に出ていたのに、「いまは社内にいると逆に落ち着かない。契約が取れると家内もうれしそうで、夕食のおかずがちょっと豪華になる（笑）。最近は、監視がなくても月に10日は一人で営業に出かけてます」（西川社長）と姿勢が変わった。

穴熊社長だったころの面影はまったくありません。

プログラムを始めて4クール目の現在、売上は前年比160%と急成長して、**1億8000万円**になりました。お客様数が増えて、お兄さんの会社1社に依存する体制から脱却することにも成功。**増えたお客様の中には、7回目で受付を突破した大手化粧品メーカーも入っています**。

meteco は、ようやく社長がランチェスター戦略に基づいた営業をマスターした段階です。次は社内に横展開して組織的な営業へと進化させていくステージ。これに成功するまで、もうしばらくゲームやゴルフはお預けですね。

ケース 2

metecoのランチェスター戦略成功3大ポイント

ポイント1

7度玉砕してもあきらめず、8度目で第一関門突破

ポイント2

訪問計画を10倍にしてとにかく攻撃量を増やした

ポイント3

未来の生産計画を提示。工場見学も開催し信頼を獲得

ケース 3

株式会社 末吉ネームプレート製作所

しゃべりすぎる営業から、聴く営業に。売上以上に粗利益が増えた！

株式会社
末吉ネームプレート製作所

代表取締役
沼上昌範

事業内容
ネームプレート、金属・樹脂部品製作

本社所在地
東京都港区

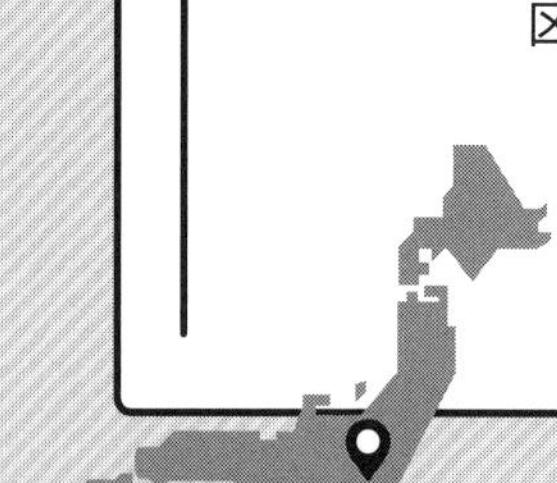

自分の型を捨てて、営業手法を標準化

前項の西川社長が究極の穴熊社長なら、その対極にいてバリバリにトップ営業していたのが**株式会社末吉ネームプレート製作所**（東京都）の沼上昌範社長でした。

古めかしい社名からわかるように、末吉ネームプレート製作所は創業97年の老舗メーカーです。製品の多くは、さまざまな工業製品に貼るネームプレート。ウォシュレットに貼ってある「押す」のシールや、機械に貼る「感電注意」のステッカーなど、金属やプラスチックのネームプレートをメーカーに納めています。

沼上社長は、とにかくよく喋る。初対面でも物怖じしないし、機転が利くのでチャンスがあれば即座に売り込みもできる。まさに営業向きの性格です（それが足を引っ張っていたことはあとで説明します）。実際にトップ営業でいくつも契約するので、いっけんランチェスター戦略は不要のように見えます。

ただ、外的環境は非常に厳しいものでした。

製造業で価格の目安は中国です。同じ品質の製品を持っていっても、「中国ならもっと安くつくれる」と言われて買い叩かれます。

お客様の経営状況も芳しくなく、M&Aなどで再編が進行。合併してまとまれば、当然、お客様の数は減ります。また合併して強者になれば、価格交渉も強気になり、ますます買い叩かれます。ネームプレートに限った話ではありませんが、部品メーカーが陥りがちの苦境に沼上社長も悩まされていました。

また、トップ営業でいくら頑張っても、**営業手法が属人的だと、組織的な営業ができません**。

市場環境が厳しさを増すなかで、社員を巻き込んで営業体制を強化するにはどうすればいいのか。沼上社長がたどり着いた結論は、自身が科学的な営業手法を身につけて、社員のロールモデルになること。つまりランチェスター戦略に基づいた営業を実践して、社員と共有することでした。

一つ前のｍｅｔｅｃｏの西川社長は営業経験が乏しく、まず標準的な型を身につける必要がありました。一方、沼上社長はすでに自分の型を持っていましたが、社員に真似してもらうために、いろいろ削ぎ落として標準の型に落とし込まなくてはいけない。その意味で、「社長の営業」定着プログラムを受ける目的も対極にあった。

答えを先取りする営業トークは厳禁

沼上社長への指導は、他の社長と違う点で苦労しました。モチベーションが高く、逆に前のめりすぎる。

「社長の営業」定着プログラムを申し込む社長の多くは、何かと理由をつけてサボろうとします。しかし、沼上社長は放っておいても営業に行く。実行計画で立てた訪問予定回数も、ほぼクリアです。その点では手がかからない優等生ですが、困ったことに訪問中も前のめりで、むしろブレーキをかけなければいけなかった。

ヒアリングはお客様から情報を引き出すことが目的です。

ところがお客様の口からニーズらしき言葉が出た途端に、売り込みを始めてしまう。そのたびに見張り役の久保田本部長が、**お客様から見えないテーブルの下で、沼上社長の足を踏んづけなければならなかった**。

アプローチのときもそうです。お客様が同社に関心を示すと、沼上社長はすかさず「サンプルをお持ちしましょうか」と言ってしまう。たいていのお客様は「うん、持ってきて」と答えるので、沼上社長のアプローチはいっけん間違っていないように思えます。しかし、**科学的に考えると不正解**。お客様がサンプルを欲したのは、実際にニーズがあるからなのか、沼上社長の勢いに押されただけなのか、要因分析ができないからです。

もしノリで「持ってきて」と答えただけなら、数週間後にサンプルを持っていっても、「ふーん」と気のない反応が返ってくるだけでしょう。サンプルの製作はタダではありません。一つつくるのに10万円として、色やデザインを変えて3つつくれば計30万円です。確認を怠って話を進めたばっかりに、**数週間の時間と30万円の試作費をドブに捨てることになる**。

お客様が関心を示しても、こちらからは「サンプルをすぐつくれる」という情報提供に留めるべきです。それで食いつかなければ本当は関心がないから、また別のニーズを探らなくてはいけない。一方、食いついて「サンプル持ってきてよ」となれば、ニーズが確認できて、価格や仕様、納期といった具体的に話に入れます。慌てなければ、どちらに転んでも着実に次のシナリオに進めます。

反射神経のいい沼上社長は、**この溜《た》めがきかずに先走ってしまいます**。一方、それを改善しようとする素直さも持ち合わせている。最初に練ったシナリオ通りに進められるように、沼上社長は手帳を活用。**左ページにシナリオをポストイットで貼り付けて、右ページにお客様の回答を書く**という工夫をしました。目で確認しながら進めるので、先回りしたり聞き漏らすこともなく、シナリオ通りにヒアリングやプレゼンができる。同じタイプの社長はマネするといいでしょう。

他に沼上社長が工夫したものといえば、**「置き名刺」**でしょうか。訪問しても担当者が不在のときに、訪問した証拠として名刺を置いて帰る。単に名刺を残すだけでは芸がありません。「本日はご提案にうかがいました。今後ともよろしくお願いいたします」などと直筆のメッセージを書けば、温かみが伝わります。ランチェスター戦略とは直接関係ありませんが、武蔵野で昔からやっている手法です。

メッセージをその場で慌てて書く必要はありません。担当者不在時の置き名刺は、事前にまとめて手書きして、普通の名刺と別に持ち歩けばいい。字に自信がない社長は、字のきれいな社員に書くのを任せてもいいでしょう。アナログな手法をいかに効率的にやるかが頭の使いどころです。

売上以上に粗利益が増えた秘密

訪問先はABC分析で絞り込みました。重点化したのは大手上場企業です。壁は高くても、大手の案件が取れればグループの子会社にも入りやすくなると考えての戦略です。沼上社長の絞り込みは徹底していて、プログラム2年目は上位10社のみを繰り返し訪問しました。

親会社を落とせば関連会社も。この目論見は見事に当たりました。日本有数の電機メーカーの某工場で新規の案件をゲット。それをきっかけに東京地区にある4工場のうち3工場から仕事をもらえるようになりました。

成果は数字にはっきり表れています。プログラムを始めてからの3年間で、沼上社長自身が開拓した6社の案件の売上は計2250万円でした。ネームプレートは型をつくって納入するため、売上が伸びるのは少し後になります。実際、4年目は1年間で2700万円を売り上げました。**1年で最初の3年の売上を超えた**のです。ここからは加速度的に増えていきます。5年目、6年目の数字は3700万円とさらに大きな期待ができそうです。

重点化する一方で、**まったく訪問しなくなったお客様もいます**。

もっとも、訪問しなくなったきっかけは、ABC分析ではなかった。そのお客様はAランクで、もともと月5回も訪問していました。しかし、値引き要求が強くて利益が出にくいので、安い見積りを出すことをやめて、通常の価格で見積りを出す方針に切り替えました。当然、失注が続きますが、あるとき値引きしていないのに発注がかかったことがあった。なぜかと担当者に聞いたところ、「安く請け負ってくれるところはスピード対応ができない。今回は短納期なので御社にお願いしたい」と事情を明かしてくれました。

それがわかれば、もう訪問する必要はありません。短納期に対応できるのは末吉ネームプレート製作所だけですから、その会社に関しては待ちの営業でいい。**訪問を一切やめて値引きもしないのに、その会社からは2019年度、55件の発注があり、単価は約2倍、売上は約3倍に**なりました。

短納期に対応できるという自社の強みがわかったのは偶然でした。しかし、それを活かして差別化戦略を進めた結果、収益は大きく改善し。プログラムを始めてからの5年間で、**全社の売上は5700万円増えましたが、粗利益は6100万円も増えている**。粗利益が売上以上に増えたのは、儲からない仕事が減り、儲かる仕事が増えた。これはまさしくランチェスター戦略の成果です。

沼上社長はランチェスター戦略をすっかりマスターしたので、現在は取り組みを組織に広げているところです。

同社では2000年、大手電機メーカーからの仕事が増えすぎて生産のほうが追いつかなくなり、営業を一時中断したことがありました。社長も含めて営業担当が工場に入って、サンプルをつくるなどの手伝いをしなければならなかったからです。

この出来事は、いい反省材料になっています。さらなる成長を目指すなら、営業・製造ともに組織化をして効率を高める必要がある。同社の営業担当もそのことを痛感したので、いま本気で営業組織づくりに励んでいる。この会社も未来が楽しみです。

本書の最後に3社の実践の取り組みを紹介しました。事例を見てもわかるように、ランチェスター戦略を導入し、成果を出していくには一定の時間が必要です。

この科学的な戦略で自社の業績をあげたければ、ただちに取り掛からなければならない。**「いつかいつかと思うなら今」**です。

ケース 3

末吉ネームプレート製作所のランチェスター戦略成功❸大ポイント

ポイント 1

お客様の声を先取りして営業しないようヒアリングを徹底

ポイント 2

ABC分析で子会社がぶら下がっている大手に集中営業

ポイント 3

値引き要求が強く利益が出にくいお客様には定価で見積りを提示

著者紹介

小山 昇（こやま・のぼる）

株式会社武蔵野代表取締役社長
1948年山梨県生まれ。東京経済大学卒。1976年日本サービスマーチャンダイザー（現・武蔵野）に入社。一時期、独立して自身の会社を経営していたが、1987年に株式会社武蔵野に復帰。1989年より社長に就任。赤字続きだった武蔵野を増収増益、売上75億円（社長就任時の10倍）を超える優良企業に育てる。2001年から同社の経営のしくみを紹介する「経営サポート事業」を展開。現在、750社超の会員企業を指導。5社に1社が過去最高益、倒産企業ゼロとなっているほか、全国の経営者向けに年間240回以上の講演・セミナーを開催している。

1999年「電子メッセージング協議会会長賞」、2001年度「経済産業大臣賞」、2004年度、経済産業省が推進する「IT経営百選最優秀賞」をそれぞれ受賞。2000年度、2010年度には日本で初めて「日本経営品質賞」を2回受賞。

本書は「経営計画書」「環境整備」「銀行交渉」と並ぶ、武蔵野を構成する柱の1つ「ランチェスター戦略」のノウハウを初めて体系的にまとめた書籍である。

『99%の社長が知らない銀行とお金の話』『無担保で16億円借りる小山昇の"実践"銀行交渉術』（以上、あさ出版）、『門外不出の経営ノート』（ダイヤモンド社）、『新版 経営計画は1冊の手帳にまとめなさい』（KADOKAWA）、『改訂3版 仕事ができる人の心得』（CCCメディアハウス）などベスト&ロングセラー多数。

小山昇《こやまのぼる》の"実践《じっせん》"ランチェスター戦略《せんりゃく》
成果《せいか》を確実《かくじつ》に出《だ》し続《つづ》ける科学的《かがくてき》な方法《ほうほう》

〈検印省略〉

2020年 10月 14日 第1刷発行
2020年 11月 3日 第2刷発行

著　者——小山 昇（こやま・のぼる）
発行者——佐藤 和夫

発行所——株式会社あさ出版

〒171-0022 東京都豊島区南池袋2-9-9 第一池袋ホワイトビル 6F
電　話 03 (3983) 3225 (販売)
　　　 03 (3983) 3227 (編集)
F A X 03 (3983) 3226
U R L http://www.asa21.com/
E-mail info@asa21.com
振　替 00160-1-720619

印　刷 文唱堂印刷株式会社

facebook http://www.facebook.com/asapublishing
twitter http://twitter.com/asapublishing

ISBN978-4-86667-238-0 C2034

小山昇社長の好評既刊！

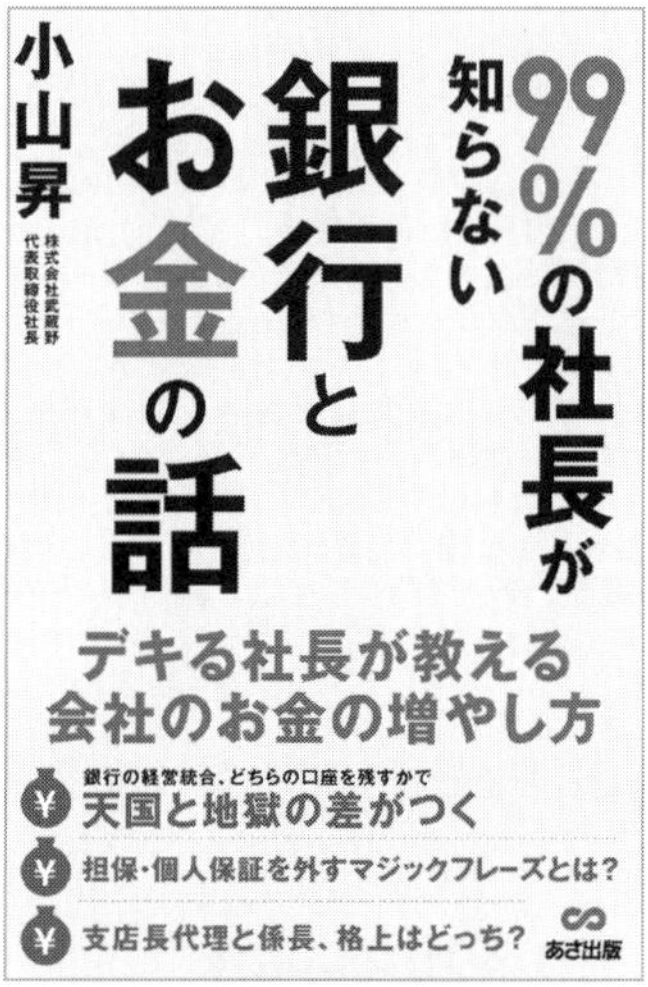

99%の社長が知らない
銀行とお金の話

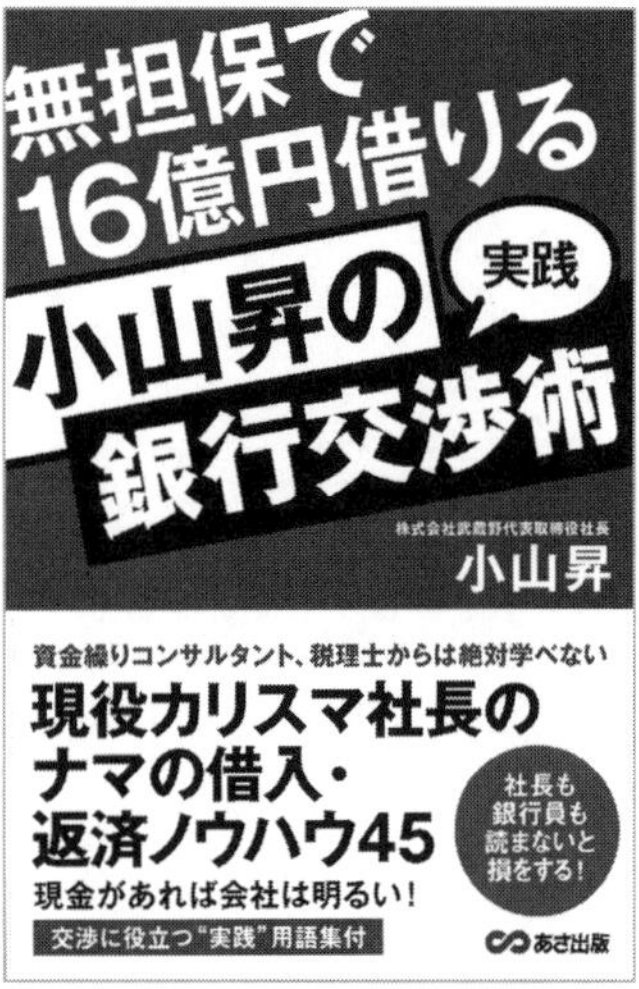

無担保で16億円借りる
小山昇の"実践"銀行交渉術

各本体1,600円＋税